U0165270

# 定 格 激荡年代的小城大事

吴国方 / 著

中国友谊出版公司

# 卷首语

"昔人卧一炊顷，而平生事业扬历皆遍，及觉则依然故吾，始知其为梦也"，吴自牧在他的《梦粱录》序中引用了"黄粱梦"这一典故。如今看来，世事变化，确实如梦境之迅捷，几十年时光，眼前一闪，旧日影像便消失得无影无踪。

"美丽的西湖，破烂的城市。"20世纪70年代初期，杭州市民中曾经流传着这样一句形容杭州的话，说是一位外国元首来杭州时说的。至于是否确有其事，连接待人员也说不清，于是猜测这可能是杭州人对当时情况的自嘲。当时的杭州，除了延安路北端的延安新村外，确实鲜有新楼。1985年我站在宝石山上，只能看到中国银行等三四幢高楼鹤立。但如今再站到宝石山上，满目所见都是高楼大厦，想再找一小块老建筑区，就很困难了。

杭州第一次规模较大的旧城改造是1983年拉开序幕的第一次中东河改造，其次是1992年的第二次中东河、庆春路改造。随后旧城改造便进入了发展快车道，就连拱宸桥东侧古建区域也被推倒重建。好在经历了这亢奋的"改造"后，还是留下了河坊街、小河直街和拱宸桥西等历史街区，但大多也是新的"古董"。真正保持原始面貌的，目前大概只有吴山脚下的大马弄一带，以及原来皇城区域的馒头山社区了。这既让人高兴，又让人感叹。当然，历史的发展只能由后人评说了。

我在1973年爱上了摄影，随后开始用相机记录杭州百姓的生活，不知不觉已坚持了近50年的时间，积累了一些照片。纵观这些照片中杭州的变化，感慨万千，尤其是近30年间，杭州的发展变化之快，令人不由发出赞叹。于是我挑选了一些照片，把它结集在这里，让人们看一看，我们是如何走过来的。

同时，也要感谢为这本影集出谋划策、认真编辑和付出心血的朋友们。

# 目　录

卷一　生活屐痕

新中国成立后不久，我出生在杭州的仁和路，那时那里属于"旗下"。因为那里曾经是清政府的旗下营，辛亥革命后被拆，建起了新市场，但人们还沿用旧名"旗下"。

我父亲原来在上海，给他哥哥干活。新中国成立之初，他积极参加工会，与他哥哥及其他两人合资，在杭州仁和路盘下夕阳楼，开了三益车胎行，由他和另一位朋友负责管理。就这样，我成了一个杭州人。后来我们搬到羊市街（现在叫江城路），大约我4岁时的一个夜晚，在象山登陆的超强台风袭击了杭州，瓦片被吹到地上发出的巨响把我从睡梦中惊醒，我恐惧地依偎在母亲怀里，当时父亲与他们的抢险队正奔波在暴雨之中。这次台风威力之大，是新中国成立后，杭州从没有遇到过的。当天，父亲劝说并背着两位老人离开他们居住的危房，前后脚的工夫，房子就被吹倒了。后来父亲被授予市抗台二等功，国庆时还上了检阅台，他一直引以为荣。

1959年，父亲为了上班可以近一点，带着我们搬到了武林门外的洋桥边。墙门西侧的水门下就是河埠头，水很清，人们淘米洗菜都在那里。这条河是从卖鱼桥那里通过来的，北边有很多竹器店，就是靠这条河运来毛竹。1963年左右，河水开始发臭，我们就靠挑水过日子。管水龙头的老太太就住在我家对面，孤身一人，每天早上，她瘦小的身体挑着空水桶摇摇晃晃走到水龙头旁，以此为生。不久，臭河就被填埋了，变成了一条路。一到夏天这里就成了大家乘凉的好地方，"小热昏"[1]也看中这里，常来说书、卖梨膏糖。

我们的墙门很大，有30多户人家，年纪差不多大的孩子常聚在一起，到旁边的运河（当时水很清）、上塘

---

1 曲种名。旧时流行于江浙一带的一种街头曲艺，原为卖梨膏糖的人作为招徕顾客的一种手段。杭州人把这种说书的人称为"小热昏"。

大队的鱼塘（现在的白马公寓处）、西洋桥的古新河里抓鱼捉虾，夏天还去游泳；或赤着脚，踩着砂石路到黄龙洞的白沙泉，用柠檬酸加小苏打做泉水汽水，真是无忧无虑。如今发小们碰到一起，还会说起这些事。

1973年前后，父亲分到了一套新房，我们成为老墙门里较早住进有一室一厅和一个厨房的工厂宿舍的人家，虽然厕所是6户共用，但大家已经感到很满足了。1977年恢复高考后，我先参加了高复班，但没能考上。后来听说杭州大学招收夜大生，于是报名考了进去。经过4年白天上班、晚上读书的努力，我终于拿到了毕业证书，得以调到报社，干起了自己喜欢的摄影工作。

那时候，每天早上是最忙的，要起早去排队买肉、买豆腐、买报纸……我和所有那个时代的人一样，经历了1979年大规模加薪，20世纪80年代初的学雷锋、五讲四美；看到了70年代私房归还给房主和农村家庭联产承包责任制带来的喜悦；感受到取消布票、肉票、粮票后的便捷和满足……不知不觉我已满头白发，过上了现代化的生活。

## 01　匆忙的早晨

　　章家桥在清泰街东段的东河上面。20世纪60年代中期，路名改为"立新路"。菜场也随之更名，叫作立新路菜场，肉店叫作立新路肉店，豆腐店、饮食店也都以此命名。当时这股"改名"之风刮起，杭州的大街小巷都"面目一新"换上了新名字，却苦了送信的、问路的，就连住了几十年的老杭州人也搞不清这条路在哪里。等到大家都搞清楚了，这些路名又被改了回来，这次苦了后来到杭州工作的人，不知道老地名指什么地方。

　　章家桥菜场在桥的东南面，过桥便是，隔壁是肉店，对面是饮食店，旁边还有豆腐店、年糕店等。那时饮食店的烧饼油条是杭州人喜欢的食物。杭州人早上大

章家桥菜场前阳光如水，
洒在匆匆忙忙买菜的市民头上（1983年）。

多吃泡饭，隔夜饭用开水泡一下，或放在煤炉上煮一下，用咸菜、酱瓜或腐乳来下饭。条件好一点的买两根油条蘸着酱油；贪图方便的人，就买两个烧饼夹一根油条，边吃边走去上班；时间充裕一点的，就再买一碗豆浆坐在店里吃。每天早晨，炸油条的锅前都会排起长队，那飘起的油烟夹着油条的香气弥漫在空中，让路过的人都咽着口水。

当时，杭州多数家庭都是双职工，孩子也要读书或上幼儿园，每天早晨便是人们最忙的时候，必须在8点上班以前把菜买好，把家里的事安排好，才可出门。早晨，就成了他们匆匆忙忙"打仗"的时刻。

## 02　天亮光

　　猪肉是计划供应的重要食品，每人每月半斤或一斤，要根据养猪的淡旺季而定。各级食品公司为了保证城市居民的供应，每个季度都要派统计人员下乡踏栏调查。因为统计人员人力有限，都是对每个乡镇选定养猪的村庄和农户进行调查统计，根据养猪户数和只数的变化，来推断整个地区的存栏量和出栏量，如果出栏量减少的话，就要报告上一级食品公司和政府部门（大多归贸易办公室管）进行调配，确保大城市的猪肉供应。如果发现存栏量减少，政府部门就要拿出钱提高收购价，鼓励农民多养猪，而城市的销售价格依然不变，造成收、售倒挂。到了20世纪80年代末，杭州用于猪肉的财政补贴越来越大，最高时一年达到6000多万元，使一年

冬天的一个早晨,
市民们在龙翔桥肉店的一个墩头前排队买肉(1980年)。

也只有几个亿财政收入的杭州市政府感到压力巨大。很多人提出"取消补贴、放开肉价"，但未被许可，谁也不敢放。

1990年，杭州市政府开始减少补贴，把管供应的杭州市食品公司和管生产的杭州肉类联合加工厂合并起来，成为新的杭州市食品公司。到了1992年年底，补贴终于和粮票一起取消了。

当时，杭州的肉店为了保证市民能在上班前买到肉，营业员3点到3点半就要上班做准备工作，4点到4点半就要开门营业；碰到节假日，营业员还得提前上班。许多居民为了买到称心的肉，4点不到就在肉店门口排队。过年时为了买猪头，有些人甚至排队过夜。有时人们会把破篮子放在店前表示排队，并用绳子穿起来，而有些"恶少"半夜路过肉店，会把整串篮子扔进旁边的河里。冬天到7点多天还没有亮透时肉就卖光，是很正常的事，所以时人谓之"天亮光"。

# 03　桥边菜场

　　20世纪70年代，我曾沿着环城西路以西的松艮路走去松木场，路上有一个很大的荡，是竹木交易的集散地和香客登岸到昭庆寺、灵隐寺烧香的落脚地，由此形成了一个集镇式的商业中心，再过去就很荒凉了，是铁路林场和牛奶场等。现在友谊新村、黄龙饭店一带，原来是国民革命军第八十八师"一·二八"淞沪抗战阵亡将士的墓地。如今后面的西溪路上还有题有"浩气长存"的纪念牌坊，以纪念杭州赴上海驰援十九路军抗击日军而牺牲的一千四百多名官兵。八十八师是当时国民党中央军的王牌"德械师"，在"一·二八"淞沪抗战的"庙行战役"中击败了日军，打破了当时"日军不败"的神话。我小时候到黄龙洞去时，还看到大批排列整齐

20世纪70年代末，
松木场流水桥边的菜市场熙熙攘攘（1979年）。

的西式小墓碑和墓。

这里除了墓地，过去也是枪毙（处决）人的刑场。一些老杭州人骂行为较坏的人时，常会说："你这个枪毙鬼，把你拉到松木场去才会得好！"

当时要去松木场，一条是经周公桥的小路，路正对的是饮食店，饮食店北面是糕团店，糕团店转弯向西是菜场。还有一条路是从流水桥向北进来，经过红光豆腐店、供销社，隔壁周公桥边是肉店，再过去好像是理发店。原来的松木场菜场很简陋，1973年新建了菜场后，把肉店放在菜场西侧。松木场菜场不大，但这里的供应很重要，因为省政府就在旁边，省级机关的很多人都在这里买菜，一有问题马上会反映到市政府，所以杭州市贸易办对这里很重视。

## 04　挑水的日子

松木场一带大多都是老房子，居民和沿街店铺用水（除豆腐店、糕团店、菜场等自己有自来水的单位外）全靠附近几只公用的水龙头。龙头有专人看管收费，一担水收一分钱，水桶由他提供，高峰时还需排队。沿街店铺多数过周公桥到新新塑料厂附近的一个龙头挑水，大约有近百米路。

1970年的时候，桥边肉店一位姓陈的营业员，在"一打三反"运动中被查出有贪污行为。经"运动办"审查和自己交代，并按作案手法和该次贪污钱、物（商品）的价值，从开始到被抓为止的天数累计计算，他被定为贪污3000多元的大贪污犯，除了受监督劳动外，他每月40多元的工资只能留下9元生活费，其他都被用作

一位老人在为松木场流水桥边一家餐饮店送水（1984年）。

退赔款按月扣除。他老婆收入不高，家中还有孩子，自己每天又要吃点酒，日子过得可想而知。当时这样的"贪污犯"几乎每个单位都有几个，只不过贪污款没有他多。快到60岁退休年龄的他，微胖，背也微驼，因为有了污点，每天两担水的任务就归了他。这一路挑来，80多斤的水桶摇摇晃晃，跌跌撞撞，令人十分感慨。1971年，一个小青年来到店里，从此他就不再挑水了。1973年，肉店搬到新造的菜场边上，也告别了挑水的日子。

我家原来也靠挑水过日子，1975年搬入父亲厂里分的新房子后，开始拥有了自己家的自来水。

## 05　行脚僧

"路漫漫其修远兮，吾将上下而求索。"

1979年，当我看到一位行脚僧背着箬帽从环城西路走入天目山路时，不由得想起《离骚》的这句话。他几乎没有什么行囊，也没有其他交通工具，仅靠两只脚，一路化缘行至目的地，精神甚是可嘉，无形中在我脑海烙下了一道深深痕迹，为我此后的摄影埋下了固执的种子。我不计名利，专拍那些别人认为无用的、记录百姓生存状态的照片，而今终于到达了目的地。

天目山路是杭州出城西去临安的交通要道。虽然重要，但限于当时的经济条件，还是砂石路，车一开过，便黄尘滚滚，须捂着鼻子等待尘土被风吹去。路两边荒草萋萋，少有人居。城里和城外就相差那么一座城墙，

一位行脚僧背着箬帽从环城西路走入天目山路（1979年）。

繁华与否便是天壤之别。当时，这条路上能让我记住的只有东端的地质局和中间的杭州大学（现在的浙大西溪校区）。直到1984年左右，路面才铺上沥青。原来的路尽头是古荡湾和益乐大队的鱼塘、桑地、竹林和农田。

1996年12月28日，拓宽后的天目山路延伸到了留下，正式通车，与留下环城公路相连。当时，这条40米宽、双向六车道的快速路建成后，从城区到留下只要15分钟，但到了2000年，城西大片住宅区建成后，这条路在高峰期常常出现堵车，于是开始向地下发展。2022年5月，花坞隧道和古荡隧道建成通车。这样从古荡下隧道，出来就是五常，大大方便了住在留下与闲林新房里、在城区工作的市民出行。

## 06　铺沥青路

　　20世纪80年代初，杭州原来城墙外的公路大多还是砂石路，但已经开始铺沥青，只是工具落后，进展较慢，到80年代中期，才铺完毕。

　　莫干山路是杭州通往湖州的交通要道，到祥符桥、三墩、勾庄、良渚、瓶窑、德清都必须走这条路。1969年我到余杭双桥公社插队，就是从武林门坐13路公交车到勾庄，再往西走半个多小时，才到生产大队。几乎每个月要来回一次。沿途有种花木的花园岗，杭州最大的化纤厂、灯泡厂、华丰造纸厂和汽车制造厂等。最让人记忆深刻的是第一次看到位于金家渡的省人民广播电台的发射天线，一根根直耸云霄，在一片平原上显得格外高，桥边的大门口还有解放军守卫，给人感觉非同一

两位工人正在把沥青桶吊到搅拌炉上，
给这条砂石路铺上"柏油"（1984年）。

般。如今，这几根天线虽然还在，却没了当初的感觉。

当时修路工人是很辛苦的，没有什么先进的修路机械，很多工作都得靠人力去完成。就如铺沥青路，先要把搅拌炉烧热，再把沥青桶用葫芦吊上去放在上面等融化后才能倒进去，这样不仅费时费力，还十分危险。当时杭州城外许多条要道都需要铺上沥青，工作量可想而知。我们今天在享受这些成果的时候，千万不要忘记曾经有那么一批拿着三四十元工资，像老黄牛一样为我们的城市建设做出巨大贡献的工人。

# 07  旗下

在杭州人的心目中，龙翔桥是市中心的代名词。清代时，这一带是八旗的旗下营，四周有城墙。1911年辛亥革命后，旗下营的城墙已无所用，在1913年被拆除，建起了公园与新市场。杭州的商业中心逐渐从河坊街、中山中路移到了龙翔桥。原先住在旗下营的旗人被安排到百井坊巷一带新建起的排屋里。因为路南端原来有座延龄门，就把新建的南北向马路叫作延龄路，后改为延安路，一直沿用至今。而东西向的解放路原在迎紫门处，称作迎紫街，新中国成立后路拓宽延伸到金衙庄，并改名为解放街。此后，这个新市场人气很旺，"旗下"就成了繁华的代名词。而本来最热闹的清河坊、三元坊却慢慢冷清下来。我们住在武林门外时，要到城里

延安路学士路口停满了前来买菜的自行车，
这里曾经有一座两边是水泥栏杆、栏杆上有灯柱的龙翔桥（1979年）。

逛商店，就说到"旗下"去。

20世纪60年代初，我到"旗下"时，龙翔桥还在浣纱河上，桥边是卖金鱼的摊，再过去一点就是十分简陋的龙翔桥菜场。1973年"深挖洞、广积粮"时，人们把河道的淤泥挖起来，两边砌起水泥墙，上面放上拱形的预制块，然后填上土、铺上沥青变成了浣纱路，下面就是防空洞。龙翔桥也就消失了，但桥名还被大家广泛使用。1977年左右，杭州最大的国营综合菜场在这里建成，称为"龙翔桥蔬菜综合商场"，简称"龙商"。随着社会的发展，龙商也可以说是命途多舛。在东坡路上建起杭州最大的农贸市场后，龙商的生意便一落千丈，只好改变经营方式，卖起水果和海货等商品，虽然一度有所好转，但已无回天之力。后来它被改成自选商场，再后来又被租出去，变成了摆酒宴的"红泥"餐馆，但是"红泥"红了一阵后又不见了……

## 08 红太阳广场

武林广场坐落于杭州市市中心中轴线的延安路北端，它后面就是大运河。武林广场是浙江展览馆的附属部分，是特殊时期的历史产物。展览馆于1969年3月建成，这座模仿北京人民大会堂的建筑楼顶上，立着一个巨大的五角星，边缘一条条放射状的黄线像是在发光。杭州人把它称为"红太阳展览馆"，1977年改名为"浙江展览馆"后，老百姓还是保留着原来的叫法。广场因靠近武林门，便被改称为武林广场。

最初的广场庄严、空旷、简约、神圣，广场中央一块近万平方米的区域用红地砖铺成，中间点缀着万年青灯柱，红绿相间、气势磅礴。每逢重大节日，广场上都会举办大规模的群众集会和庆典活动。1978年改名为武

一位父亲牵着孩子在武林广场上学步（1979年）。

林广场后，广场部分铺上了草坪，成为人们歇息、游玩的胜地。傍晚时分，人们来此散步、歇息，或玩玩飞碟、坐在草地上看看天空的星星。1984年9月26日晚上，杭州最大的音乐喷泉在广场落成，第一次展示了这座现代化喷泉的风采。那十来米高的水柱喷上高空后，被晚风吹成一面水雾大旗，水花洒落在聚集到这里的人们脸上，引来阵阵欢笑。20世纪80年代后，广场四周陆续建起了杭州剧院、杭州大厦、国际大厦、电信大楼、科技会堂、杭州百货大楼等高层建筑，成了杭州建筑最高、人气最旺的文化和商业中心。

# 09  轮船码头

京杭大运河原来是杭州到湖州、苏州、无锡等城市的交通要道，出行、载货都十分繁忙。杭嘉湖平原地区水网密布，在没有汽车的时代，人们出行都靠船。从杭州到苏州，摇橹船"咯吱咯吱"要划上两三天，但有了烧煤的小火轮后，只要过个夜就到了。客轮是杭嘉湖和苏锡常地区来杭人员的主要交通工具，虽然速度有点慢，但船票便宜，客运公司特地安排傍晚发船，乘客们上船后在床上睡一个晚上，第二天天刚亮，就到了目的地，便捷又省力。1985年，公司工会组织职工去无锡，就是周六晚上在武林门轮船码头上船，天亮后到无锡。大家游览各个景点后，傍晚时分再坐上无锡到杭州的船，周一早上到杭州，上班前赶到公司。这样一点也不

武林门轮船客运码头一片繁忙景象，
候船大厅座无虚席（1982年）。

急、不累、不浪费时间，而且船票只要几元钱。因此，很多单位的职工都会选择这条路线去苏州、无锡游玩。

20世纪50年代前，杭州的轮船客运码头在拱宸桥，后来改到了卖鱼桥。1978年，浙江展览馆后面的武林门轮船码头建好后，卖鱼桥的码头就废弃了。由于武林门轮船码头离市中心近，到西湖、灵隐也方便，后来便成了苏锡常地区香客来杭烧香的黄金水道。那些包着各式头巾、插着头花的香客，一群一群、一队一队地走在西湖边上，成为一道靓丽的风景。而且香客很喜欢购买杭州的土特产，于是在客运码头的东侧开起了环北小商品市场，里面那种大大的不锈钢盆子成了许多香客的必买之物。市场的生意也日渐红火。

## 10 江涨暮雨

　　一个微雨的早晨，我站在江涨桥上，看到河边停着各式小船，隐约在薄雾之中，显得那么空灵，充满水乡的韵味，就激动地把这个场景拍了下来。那时，我还不知道有湖墅八景，也不知道这里叫"江涨暮雨"，如果知道的话，一定还要多拍点。我想，古人也是看到如此迷人的场景，才赋予了这里这么一个有诗意的名字罢。

　　江涨桥在卖鱼桥东面，横跨在大运河上，原来是东北—西南走向的一座三孔石拱桥，沟通湖墅路和大兜路。卖鱼桥因多次拓宽改造，早被拆掉，因此许多人都以为江涨桥就是卖鱼桥。我们小时候常说到米市巷去、到卖鱼桥去，但没有人说到江涨桥去，也以为江涨桥就是卖鱼桥。江涨桥的名字来源，据说是早年钱塘江涨潮

江涨桥下的京杭大运河里，
各式小船隐约在缥缈的薄雾之中（1983年）。

的时候，江水会顺着河道涌到杭州城内，但到了江涨桥这里时，江水就会掉头退回去。

　　卖鱼桥是作为杭州鲜鱼集中交易处而出名的。但我工作后到卖鱼桥时，发现这里最热闹的地方在江涨桥东面的大兜路上，窄窄的一条街两边都是店铺，水产店的后面就是运河。我在余杭插队落户时，常把"大兜"挂在嘴边，因为那一带农民养的仔猪，都是摇着船到大兜的仔猪行购买回来的。这个仔猪行的具体位置我记不清楚了，只知道那里还有一个很大的蚕茧储备仓库，我有一个摄影朋友曾经在里面干过活。不知道2008年大兜路历史街区改造后，这个仓库还在不在了。

## 11    屋顶盖漏

地处江南的杭州多雨，春季、梅雨季更甚，而早年的住房大多是小小青盖瓦，因此一到这些季节，"漏"就成了人们最大的烦恼。漏在地上、箱子上，拿个脸盆、脚盆之类的东西接一下还可抵挡一阵，可若漏在床上那就是比较痛苦的事了，拿什么东西来接呢？

20世纪70年代，杭州的房子几乎都归房管局所有，并负责管理和维修，住户交房租。当时的房租很便宜，我们家有24平方米，房租大约是3元多一点，是我父亲工资的6%左右。房管所也很负责，只要房子有问题，经反映后，会很快过来处理。70年代末，一些私房开始还给房主，房租不收了，但维修也不管了。杭州的旧城改造进度这么快，可能跟住在这些房子里的人的心态有

　　工人文化宫后面平海路的住房屋顶上，
一位老太太正趴在边缘盖漏（1981年）。

很大关系。至少新房不会漏，有厕所，有厨房，这些梦寐以求的格局谁不想早点享有？

　　我拍这张照片时非常紧张，有如"盲人骑瞎马，夜半临深池"，心里真是有说不出的滋味。事后，我常在想，老太太这是勇敢，还是无奈？是家中没有孩子可以帮忙，还是怕孩子上去危险？或许是私房，房管所管不到，又或许是房管所忙，未能及时赶来，于是老太太为了屋内不漏就冒着风险爬上屋顶，或许……

## 12　喇叭声声

红旗小学原来叫混堂桥小学，在玻璃厂北边。1963年，我从杭州汽车制造厂子弟学校转学到这里读五年级。班主任姓劳，是前一年到这里任教的年轻老师，教我们语文。教数学的何老师好像是教导主任。学校旧址原来是个庵，我到这里时，还能隐约看到供奉过菩萨的台子。我的同学大多住在混堂桥、忠义坊、地质局宿舍和邮电新村一带。劳老师很劳心，不仅教得认真，还常常抽时间进行家访，因为我们是他带的第一届毕业生。后来学校并入保俶塔小学，他还做过副校长。这所学校的校风不错，才出现了用纸喇叭宣传的场景。

2017年11月，相隔52年后，我与30来个同学取得了联系，相聚在一起。当大家看到我把他们小学时的头像

红旗小学的孩子，
在莫干山路人民玻璃厂对面，
用硬纸板做的喇叭宣传"五讲四美"（1982年）。

和现在的头像组合在一起完成的"集体照"时，不由得发出感叹。

# 13　夜大

1980年11月的一个晚上，我偶然看到这一场景，迅速掏出放在包里的海鸥4B相机，匆忙调好光圈速度，搁在放书的扶手上，拍下了这个珍贵的瞬间。那个聚精会神听讲的青年，当时在大河造船厂工作，后来被调到三堡船闸担任领导工作。他们都是杭州大学夜大中文系第一届的学生，每周有3个晚上赶到这里上课，对于一些上夜班的同学来说是一个极大的考验。

高考恢复后，大批被耽误了的"老三届""新二届"毕业生无力考取大学，只能去考新诞生的"夜大"与"电大"。1980年，杭州大学办起了夜大，200多名被耽误了学习机会的年轻人考入。一、二班在天目山路的本部，三、四班在省总工会干校旁的中文系礼堂。

在西溪河边的杭州大学中文系大教室里上课的青年（1980年）。

三、四班晚上去上课时，走的是一条很小的沿河泥路，光线十分昏暗，在上面骑自行车十分危险，现在想来，真的有点不可思议。中文系礼堂里灯光昏暗，没有课桌，但同学们都听得很认真。他们白天工作，晚上来这里学习。第二个学期快到期末考试时，我女儿出生了，白天丈母娘照顾我夫人和女儿，晚上就由我来照顾，一边照顾一边复习，想不到考试结束时，我有好几门课还取得了优秀的成绩。

1984年7月，经过4年的努力，我们拿到了毕业证书。证书很快在那个人才短缺的年代派上了用场，帮助我们走上了领导岗位，在各行各业发挥光和热。成就最高的可能是原来做外贸的钟同学，他当上了部级领导。如今，大家年纪都大了，就连当时年纪最小的同学，年初聚会时也说自己已经退休了。大家聚在一起时说说笑笑，没了功利和名利，似乎又回到了青年时代。

## 14　街巷深深

我一直以为这张照片拍的是庆春路北边的长庆街，因为上面挂着"长庆车木加工"的牌子。但最近突然发现，从中午的光影来看，这应该是一条南北走向的小巷，而长庆街是从仙林桥到新华路、东西走向的街，与它垂直相交的南北走向的路有西面的广兴巷、长宁街，东面的林司后、新华路。当时，广兴巷很热闹，巷路口是一家酱园店，靠木场巷处是杭州最早的广兴联合中医院（搬到武林门后改名为杭州市中医院），因此照片拍的很可能是广兴巷。这个字牌挂在这里，可能是因为横向的长庆街走的人少，挂在这里更吸引人。

庆春路是杭州的一条老街，1987年我搬到路南的乌龙巷时，庆春路几乎还保持着原貌。窄窄的街道，两边

阳光下挂满了"万国旗"（1983年）。

鳞次栉比的商店，凡是你想买的东西，在这里都有，而且价格还略微便宜一点。这条街是上城区与下城区的分界线，原来是丝绸、纺织作坊、工场的聚集地，也是普通下层百姓的生活场所，有着深厚的历史底蕴。这条路旁边有许多小巷，许多历史名人都曾在这一带住过。如山子巷口的马寅初故居、孩儿巷里的陆游故居、岳官巷的吴宅、众安桥的"岳飞初葬处"和忠显庙，据说延安路口的红楼（杭州城市建设陈列馆）曾经是岳飞住宅的一隅……

## 15 新的四大件

　　1984年，杭州市食品公司工会要举办一个体现职工生活变化的展览，让我到建国北路肉店优秀营业员（当时也叫先进生产工作者）陈锡荣家去拍照。当时他刚结婚，屋内的新家具不错。于是我联系到他，约好时间到他家里。

　　走到楼上，15平方米左右的新房让我的眼前为之一亮，除了刚进门看到的大衣橱外，梳妆台、洗衣机、电冰箱、写字台和双卡收录机摆满房间。这些家用电器，在当时的人们眼里都是先进的奢侈物，每一件电器都需要一个人好几个月的工资收入，相对于我结婚时追求的大衣橱、五斗橱、写字台、缝纫机来说，真是一个质的飞跃！

杭州建国北路肉店营业员陈锡荣的新房里，
摆满让人羡慕的新家电（1984年）。

　　新中国成立后，国营企业工人实行的是"8级工资制"，干部、工人的工资和晋升都是有规定的。后来提倡"政治挂帅"，加工资也被批为搞"经济主义"。因此，正常晋升全部停止，直到1979年才开始加工资。这是第一次大规模加工资，大家的期望值都很高，但名额却被限制为40%，反而让这好事成了当时的矛盾焦点。因此，有些地方采取灵活措施，定额下放到基层后，单位可根据自身情况做方案。有的把6元1级的工资额度一分为二，让一部分人加半级；有的为了激励先进，安排3%的人多加一些工资，形成了3元、6元、9元3个档次。为了减少矛盾，单位一般都以工龄长短为基础，以出勤率为依据，再考虑其他因素，大约有百分之五六十的人可以加到工资。方案形成后，单位要报上级部门审核同意，再开职代会通过后，才能执行，这样矛盾减少不少。我那时的月工资也从36元加到42元，很是开心。但这点工资要买几百元钱的家电，对于子女多的家庭来说，确实有点难。

## 16 粮票调蛋

1984年1月，杭州庆春路浣纱路口一带，站着许多拎着一篮篮鸡蛋的妇女，见路人走过就问："蛋要要？"（萧山方言，"要不要"的意思）听口音，她们好像都是萧山一带的。当你回答要的时候，她们就开始告诉你，多少粮票调（换）多少蛋，多少肉票、油票调多少蛋，主要以粮票为主，全国粮票价格最高。1斤粮票可以调8～10个蛋，但多数人家是没有多余粮票的，而买1斤粮票要2元多。这么看，差价是蛮大的，换的人也蛮多的。

在计划经济时期，买什么东西都要凭票。食品方面有粮票、油票、豆腐票、肉票、糖票等。过年过节还有鸡票、蛋票、鱼票等，城市的供应部门组织采购到了哪

从事粮票调蛋生意的妇女在整理鸡蛋（1984年）。

些商品，就会发哪些票。用的方面有煤球票、柴票、布票、工业券、缝纫机票等。当时，外汇券是很吃香的，可以凭此在指定商店买到别人买不到的东西，而且价格便宜。但这外汇券需要有海外关系的人把外汇汇进来后才能拿到，因此成了一些黄牛炒卖的对象。

粮票、油票、布票等都是无价票证，不允许买卖，若是被发现私自买卖是要吃官司的。在"严打"的时候，很多炒外汇券的人被判了刑。而票证换蛋是以物易物，有关部门管得不是很紧，所以一些粮票用不完的居民，就以此来改善生活。后来票证取消了，这道换蛋的风景也就消失了。

# 17　包装肉店

1984年9月28日，杭州第一家专卖包装食品的商店在龙翔桥诞生，闻讯赶来的居民挤满柜台，以尝新的心态来购买未曾见过的包装肉。

改革开放后，农村家庭联产承包责任制极大地促进了农民种粮、养猪的积极性。浙江一度出现了生猪产大于销的局面，使得猪肉供应不仅取消了肉票，还进行季节性打折。杭州市食品公司从刚刚兴起的包装食品中找到灵感，决定将过剩的猪肉做成包装肉，放入冷库储存起来调节淡旺季。于是，他们把当时杭州市市中心最大的龙翔桥肉店改成"鲜洁包装食品商店"，肉厂在屠宰生猪后，直接将其分割成各种规格的包装猪肉，速冻后用冷藏车送到这家店销售，以解决夏季猪肉容易变质的

国庆前夕，
杭州鲜洁包装食品商店开张（1984年）。

问题。这样做同时也是想看一下，新兴的包装肉受不受居民欢迎。当时人们的收入水平和消费水平还没有跟上，家用冰箱也还没有走进百姓家，再加上杭州人有喜欢吃新鲜肉的习惯，不到一年，"小包装"便淡出了人们的视野，龙翔桥肉店又操起了斩肉刀，恢复了传统的供应方式。

　　1987年，猪肉出现供应紧张的问题，于是又恢复使用肉票，直到1992年才被彻底取消。如今，各种包装食品摆满了超市的货架。

## 18 大桥·闸口

　　1986年，我登上六和塔，看到横跨在钱塘江上，下通火车上通汽车的钢铁大桥和远处烟囱高耸的闸口发电厂，心里浮现出一种说不出的快意，迅速掏出相机拍了下来。

　　钱塘江大桥于1934年8月8日开始建设，1937年11月17日全部建成通车。它是我国自己设计建设的第一座双层铁路、公路两用桥。虽然建造者花费了无数心血，克服了钱塘江涌潮造成的无数困难，但该桥只使用了89天[1]，为阻断日寇打到杭州后继续向南，负责建桥的茅以升唯有选择亲自将它炸毁。抗日战争胜利后，1948年，茅以升又负责把它修好，继续作为钱塘江上的重要

---

　　1　1937年9月26日，铁路桥顺利通车，于同年的12月23日被炸毁。计算得出时间为89天。

在六和塔上拍的钱塘江大桥和远处烟囱高耸的闸口发电厂（1986年）。

灯柱，红绿相间，气势磅礴。每逢重大节日，广场上都
举办大规模的群众集会和大典活动。1978年改名为武

交通要道投入使用，还派部队守护。蔡永祥就为保护大桥英勇牺牲，后在桥边建起了"杭州市革命烈士纪念馆"（前身为"蔡永祥烈士事迹陈列馆"）。

闸口发电厂曾经是杭州的骄傲，它于1932年建成，与南京下关、上海杨树浦并称"江南三大发电厂"，对杭州的经济发展发挥了很大作用。电厂建了一根86米、当时杭州最高的烟囱，2002年被炸掉。

旧时白塔岭有龙山闸，简称闸口，是中河运河汇入钱塘江，并与南面的江南运河沟通的咽喉之处，在以船为主要交通工具的时候，起着十分重要的作用。闸口百年前就是杭州城里交通、工业的发源地。清光绪年间，浙江省最早的营运铁路江墅线，起点站就是闸口；1907年通车时，铁路沿当时杭州的老城墙外，由南而北设闸口、南星、清泰、艮山和拱宸5个站。钱塘江大桥通车前，运往浙东、浙南、浙西的大量货物都是在闸口通过水路转运的。民国时，闸口有煤、油专用码头，现如今这里已经成了白塔公园。电厂旧址处建起了商品房，即现在的水澄花园。

林广场后，广场部分铺上了草坪，成为人们歇息、游玩的胜地。傍晚时分，人们来此散步、歇息，或玩玩飞碟，坐在草地上看看天空的星星。1984年9月26日晚上，杭州最大的音乐喷泉在广场落成，第一次展示了这座现代化喷泉的风采。那十来米高的水柱喷上高空后，被晚风吹成一丽水雾大浪，水花洒落在聚集到这里的人们脸上，引来阵阵欢笑。20世纪80年代后，广场四周陆续建起了杭州剧院、杭州大楼、国际大厦、电信大楼、科技会堂、杭州百货大楼等高层建筑，成了杭州建筑最高、人气最旺的文化和商业中心。

# 卷二　速变年代

……便捷又省力。1985年，公司工会组织职工去无锡、杭州，周五晚上在武林门轮船码头上船，天亮后到无锡，大家游览各个景点后，傍晚时分再坐了无锡到杭州的船，周一早上到杭州，上班前赶到公司，这样一天也不……

1983年第一次中东河改造拉开序幕，到2000年河坊街开始改造前，这段时间是杭州大拆大建、变化最大的时期。

1972年尼克松访华时到过杭州，据说他看了之后说了一句"美丽的西湖，破烂的城市"。虽然这事真实与否无从考证，但这句话的确成了杭州人的心病，大家都希望这座城市能快速发展起来。因此，1983年说要中东河改造，让住在这些破旧老房子里的人住"洋房"（当时杭州人这样称呼水泥结构房子）时，大家十分开心，可以说是不讲条件地踊跃办理拆迁手续，只是对要搬到朝晖新村、古荡小区、塘苗新村这些旧时城墙外的地方感到有点远。当时拆迁共有342家单位、7425户居民，涉及2.7万人，产生了20个安置小区。也就是说，在"破烂的杭州"突然冒出了一大批新房，改变了大量居民的生活方式。

当时，杭州居民的居住面积都很小，平均每人不足6平方米的家庭比比皆是，有的甚至几代人住在一个房间里。20世纪70年代后期，有些大的单位开始找地建房，以解决职工的住房困难。我们家就在那个时候从一间不到24平方米的房子，搬到了有一室一厅、单独厨房，以及6户人家共用一个厕所的楼房。根据房管部门的统计，1949年新中国成立初期，杭州人均居住面积仅仅为4.15平方米；1983年改革开放初期为11.7平方米；到了2017年，上升到36.4平方米。这不仅是一个可观的数字，还是实实在在的变化结果。

不过，20世纪80年代初的拆建，对于整个杭州城来说，只是一个很小的局部。建设的步伐就此开始加速，武林广场的四周，高楼大厦开始涌现，部分地区的商品房也开始建设。那段时间可以说是一年一个样。这么多新房子建起来，不仅彻底改变了杭州城区的面貌，也改变了这一代人的生活方式和思维模式。

一切都在快速变化。不久前孩子还在小书摊上花一分钱看一本书，青年为获取信息起早去报摊排队买报纸；转眼间，收录机就被淘汰，电视机从小变大；不久前还要起早排队买肉、买豆腐，为食品短缺发愁，排队买油、买米，为涨价担忧；转眼间大鱼大肉不断吃，血脂、血压不断高；从买布、买肥皂还要票，到"旧西装要不要"，网购服装任你挑；从夏天的晚上只能坐在巷里、躺在地上乘凉，到家家有空调；原本白铁店、棉花店、炮仗炉充满小巷大街，不久后太空被、电饭锅、热水器成了家家的标配。我们的生活变化之大、之快，没有哪个时期可与这几十年相比。

# 19　回笼货币

1984年年底，中国工商银行羊坝头支行前排起了长队。只见围栏上挂着一幅巨大的"住房（双万元户）有奖储蓄"海报，这几个字确实打动人心，因为那时的"万元户"是凤毛麟角。一套房加上2万元，相当于4万元。按我50多元一个月的工资来算，大约需要不吃不喝工作60多年，才能存下这么多钱。

1983年工资普加后，人们口袋里的钱一下子多了起来，商品供应压力陡增。在计划经济时期，我国的轻工业生产还属于发展中国家的行列，因此很多东西都出现了供不应求的情况。为此，在提高一些紧缺商品价格的同时，银行采取高额奖金的办法吸收资金，用于经济建设。

银行前的长队（1984年）。

羊坝头，是中山中路的中心。工商银行旁边有九伦布店、九芝斋等杭州有名的老店。工商银行这座大楼的前身是浙江兴业银行，1918年大楼打下地基，1923年落成，成为浙江标志性的金融建筑。兴业银行成立于1907年，是中国最早的商业银行之一，1927年前，其存款总额在私营银行中名列前茅。当时著名企业家张謇创办的大生纱厂等民族企业，一直是它的重要客户。1934年，为修筑钱塘江大桥，银行出主意、筹款项，做出了很大贡献。但日寇的入侵使兴业银行的产业几乎归零，等熬到新中国成立时已经奄奄一息，直到后来开始公私合营。

## 20　提防调价

1983年工资普加，次年就出现物价上涨的情况，1986年加工资后，有些食品、副食品也出现了涨价，而粮油价格涉及家庭开销，所以是大家最关注的。因此一有风吹草动，粮站前便会出现抢购风潮，这种情况经常出现，有真的，也有假的。许多居民见到粮站前排队，不顾真假就赶回家拿米袋或油瓶，加入排队大军。有时消息很准，过不了几天价格就调上去了；有时也会遇上误传，排长队买回家的东西囤积起来，吃到快坏时也没有涨价。

加工资后涨价，涨价后又要求加工资，仿佛一个循环怪圈就此形成。我的月工资从1971年的29元，到2012年退休前，已经涨到近万元，而食品、副食品的支出占

居民在庆春路粮站前排起长队抢购食油，
以防调价（1988年）。

比越来越少。社会的发展，让我们这一代人的日子越过越好。

## 12　喇叭声声

　　红旗小学原来叫混堂桥小学，在玻璃厂北边。1963年，我从杭州汽车制造厂子弟学校转学到这里读五年级。班主任姚芳，是前一年到这里任教的年轻老师，教我们语文。教数学的何老师好像是教导主任。学校旧建筑原来是个庙，我到这里时，还能隐约看到供奉过菩萨的台子。我的同学大多住在混堂桥、忠义坊、地质局宿舍和邮电新村一带。姚老师很认真，不仅教得认真，还常常抽时间进行家访，因为我们是她带的第一届毕业生。后来学校并入保俶塔小学，她还做过副校长。这所学校的校风不错，才出现了用纸喇叭宣传的场景。

　　2017年11月，相隔52年后，我与30来个同学取得了联系，相聚在一起。当大家看到我把他们小学时的头像

## 21 排队买豆腐

过去买豆腐需要凭豆腐票，一张票子一块豆腐。老豆腐和嫩豆腐价格一样，但嫩豆腐的体积要大很多，因此嫩豆腐最受欢迎，去得迟一点就买不到了。虽然店里也知道嫩豆腐需求量大，但当时豆腐生产还是半手工形态，工人的劳动量很大，而且需要半夜起来工作，很辛苦。老话说"人间三大苦，打铁、摇船、磨豆腐"，一点也不为过。因此，这几口大锅每天只能生产这些豆腐。直到20世纪90年代中期，杭州食品工业公司引进了内酯豆腐生产线，这种状况才得以解决。

新中国成立初期，杭州上城区的豆腐店有108家，于1958年合并成立了地方国营上城豆制品厂，1959年并入地方国营杭州豆制品厂，后来改为杭州豆制品合作

早晨，
龙翔桥学士路口的豆腐店前，
拎着菜篮子的居民排着长队购买豆腐（1986年）。

商店。1966年9月，又恢复为杭州豆制品厂，实行独立核算。自公私合营以来，豆腐店体制多变，拆并频繁，有市属企业，也有区属企业，条块管理要求不一。到20世纪80年代末，各豆腐店逐步归并、发展成10家豆制品生产厂。1985年3月，杭州豆制品厂注册了"浪花"商标，1991年10月，杭州红光豆制品厂注册了"鸿光"商标。1993年10月，原杭州市第二商业局决定，将杭州的10家国有集体豆制品厂成建制改组为杭州豆制品总厂，该厂成为全国最大的豆制品生产企业之一。

## 22 粮站买米

　　计划经济时期，买米要凭粮票。一般居民每人每月是24斤，机关人员是27斤，工人是30斤，重体力劳动者是45斤。一直到1992年年底彻底取消粮票为止。

　　那时粮站的店面都不大，一个柜台、一台装有米斗的秤、几只油桶上插着压油的计量器，后面的橱柜上放着筒面，基本都是这样的"标配"。而米是放在楼上的，用3根管子通到下面，分别是籼米（早米）、晚粳米（晚米）和晚籼米（也称杂交米），称米时打开放米的闸门，米就从上面流下来，快到重量时渐渐把闸门关小。水平高的人可一步到位，但要是放多了就把米兜出来。现在想想，这样的设计还是蛮科学的。当时，我们一般都买籼米，1角4分3厘一斤，便宜、涨性好；后来

水澄桥粮站一位优秀营业员在为顾客放米（1986年）。

觉得杂交米吃着口感不错,价格和籼米也相差不大,其涨性介于早米与晚米之间,因此就吃起了杂交米。

那时候,杭州主城区的粮食供应全靠120多家粮店,每逢粮票发放日或有加工品质好点的大米时,就会出现排长队抢购的情况。

1992年,湖墅北路189号的杭州市粮油贸易公司对粮食仓库进行改造,开出了全市第一家粮油批发交易市场,引进全国各地粮企、粮商及个体经营户进场交易,吸引了众多商户和居民前来批发和购买。至此,杭州的粮食经营开始走向市场。

## 23 放开菜价

"国家定价商品任意选购，各类调节商品讨价还价"，这两句"对联"让前来买菜的市民大感惊奇。计划经济时期，一切商品的价格都是由物价部门制定的。如猪肉调价前，市物价局的同志就要把杭州市食品公司的业务专家叫去，关起门来进行分割测算，然后根据各品种在市场畅销与滞销的情况，按调整的幅度定价并公布。蔬菜是根据菜农的生产成本、自然损耗、运输成本等确定毛利率后来定价的。1984年起，物价部门把供应充足的蔬菜从"国家定价"划到"调节价"的商品中，即由产销双方协商定价。1987年，又试行"讨价还价"，这是杭州物价部门的一次重大突破，也可以说这是被刚刚兴起的农贸市场"逼"出来的。

　　国营茅廊巷菜场门口挂出"对联"，
许多居民闻讯赶来看稀奇（1987年）。

茅廊巷菜场当时是杭州城内龙翔桥蔬菜综合商场外的一个大菜场，是三角地上的一个独立建筑，左侧一块是茅廊巷肉店，大约占了1/3，其余都属于菜场，四周是路。据生活在那里的老人说，日寇侵略杭州时，这里是关军马的地方。

## 24 排队买报纸

夏天的一个早晨，解放路茅廊巷口老大房旁边的报摊前如常排起长队。在计划经济时期，被称为精神食粮的报纸也得排队购买。

那时纸张紧缺，报纸印量有限制，除了订户外，零售的报纸也限量。加上那时几乎没几个居民家中有电视机，有收音机的也不多，人们获取信息的渠道主要是报纸，因此，很多人家宁可省下一只烧饼的钱，也要买报纸。那时只有官方的报纸，内容比较严肃，虽然宣传的成分不少，但里面的信息是真实可信的，很多人喜欢在字里行间琢磨"上面的动向"以及国际形势。那时报纸的征订是需要订报刊卡的，每个单位只能分配到一定数量的订报卡，僧多粥少时唯有用抽签的方法来解决。后

居民在报摊前排起长队购买报纸（1987年）。

来，订报限制被慢慢放开。当时，《参考消息》只有一定级别的干部才能订阅，而我们最喜欢的是《报刊文摘》，一报在手，一周的大事、趣事基本都能看到，还为自己的文章能被有些报纸选中刊登而高兴。可惜后来各种文摘类的报纸杂志满天飞，质量严重下降，失去了对读者的吸引力。而报纸也在网络和手机的冲击下陷入了困境，不少都市类报纸已经停刊。

改革开放20周年的时候，我的这张照片被选中登报，不久，我们办公室的一位同志拿着报纸来找我要照片。原来照片中这位卖报的妇女姓王，丈夫原是邮局职工，因病去世后，单位为照顾他的家庭，就弄了一个报摊给她。因此，我就放大了一张照片送给她。20多年过去了，她的家庭不知怎样了。

## 25  小人书摊

在没有电视机的年代，小人书（连环画）是孩子们获取知识的途径。我小时候也很喜欢看小人书。那时，父亲厂里的图书馆有很多小人书，他们用硬纸板把三四本小人书夹在一起，装订成册，一个人每次可以借1～2册，两三天内归还。因此每当父亲回家，我就先翻他的拎包，看看里面有没有小人书。当时我最喜欢看的就是《三国演义》《水浒传》《隋唐演义》《说岳全传》等历史故事，一册接一册，很吸引人。后来我能考入杭州大学的夜大，跟那个时候打下的基础还有一定的关系。借不到免费小人书的孩子，只能省下一两分零用钱到书摊上去借来看。

笕桥镇在机场路的终端。据说，笕桥原名"茧

一群孩子在笕桥镇的小书摊上看书（1986年）。

桥"，因为这一带原是一个历史悠久的蚕茧生产、贸易集散地。民国时，笕桥镇是中国空军的诞生地之一，中央航空学校就在这里；中国抗日战争时期的首场空战也发生在这，以中方击落6架日机告捷。后来，日军占领杭州，对航校进行报复，把笕桥镇烧毁了，之后镇上的建筑都是重新建造的。

# 26　"88"台风

1988年8月8日，用广东人的发音来说，都是"发、发、发、发"的吉利数字，应该是个好日子。但是对于杭州人来说，这天却是可怕的一天。人们早上醒来一出门，就看到一排排被吹倒的行道树，有些树把电线杆压倒了，导致一些市民触电。

那天早上，我出门走到庆春路，发现道路完全被吹倒的大树堵塞了。我拿着相机一路拍摄过去，西湖边、湖滨路都是一片惨状，粗壮的法国梧桐树都被连根拔起。不过有关部门对这次台风采取的应对措施还是比较及时的。一早，园林工人就用锯子把一些阻碍行人的树枝锯掉，好让人们顺利通行去上班。9点左右，留下部队的解放军就赶到城里，清理路面上的大树。遇到还没

解放军官兵在湖滨路上，
用绳子扶正被台风吹倒的大树（1988年）。

有全部倒伏的大树，他们就用绳子把它拉正，一些路过的市民也上去帮忙，出现了军民同抗台风的感人场面。

这场台风过去后，园林部门就开始修树，把原来用来遮阳的树冠，修成了一个"平顶头"，并用竹竿和铁管把树撑起来。这样就不怕台风了，但遮阳功能和美观都出了问题。有些做法甚至延续至今，尤其是白堤和北山路上的一些支撑杆，不仅影响美观，还有绊倒行人的风险。

## 27　搞活市场

1985年，我国正式取消"对粮食等主要农产品的统派购制度"，改为实行"合同定购"。为缓解国内农副食品供应偏紧的矛盾，由政府投资并管理的"菜篮子工程"——农贸市场出现了。

20世纪90年代，以批发市场为核心的流通格局被建立起来。全国农副产品批发市场达2080个，城乡集贸市场达8.3万个，其中农副产品专业市场8220个，基本的"五站式"流通模式，农户—产、销地批发市场—农贸市场—消费者的形态初步形成。人们买菜不再完全依靠国营、集体的菜场，挑选的余地大了，买到的蔬菜也更新鲜了。

中山南路是离南宋皇城最近的御街，曾是官衙聚集

察院前菜场的鱼摊上，
市民穿着雨衣在看斤两（1985年）。

的地方。察院前巷就是一条以官衙命名的路，在太庙遗址北边，这里原来有肉店与菜场，十分热闹。1995年，察院前巷到太庙巷之间的房子准备拆迁，建造紫阳小区，结果在施工时发现了太庙遗址，因此停建住宅小区，改成了太庙遗址公园。原来的农贸市场转入了大马弄，成了目前老城区最后一个带有老杭州风貌的市场，也成了一些摄友的打卡之地。

## 28 起五更

改革开放初期，小商小贩开始出现，那时的政策比较宽松，对这一类自己谋生的人的管理不严，也没有什么管理费之类的负担，因此他们的收入比在工厂做工还高，社会上也就出现了"造原子弹的不如卖茶叶蛋的"的说法，其实也是有一定道理的。

街头小吃摊价格不高，群众购买也方便，尤其是那些匆匆忙忙的上班族，自行车在小摊前一停，买好后塞在嘴里骑上车就走，边骑边吃，没到单位，早餐问题就解决了。有需求，就有供应，后来很多进城的农民，找不到工作，就买些简单的工具卖起早点，但由于小摊食品卫生较差，还影响交通和市容，城管随之诞生，这些小摊也就减少了。

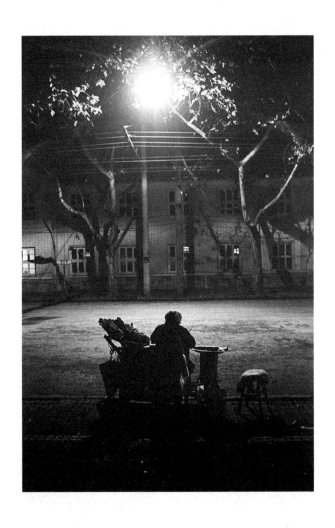

浙二医院对面的路灯下，
一位老人早早摆起早点摊（1985年）。

## 29 吃"头口水"

1978年，改革开放的目标定下后，各项建设全面展开，中国的旅游经济也迎来了新的发展机遇，旅游业开始得到重视。1979年，杭州市服务公司率先成立旅行社，随后，杭州市园林旅游服务公司、杭州第一汽车运输公司客运旅游处、杭州友谊旅游服务社和杭州客车旅游公司等旅游企业相继成立。1983年5月，杭州城市总体规划的定位是：重点风景旅游城市和历史文化名城。这为杭州旅游业的迅速发展奠定了基础。

由于旅游业刚起步不久，旅游单位缺少人手，于是就聘请了一些退休人员，在西湖边摆张桌子、放块牌子作为售票处。当时做旅游行业的单位还不是很多，所以生意相当不错，大多吃到了"头口水"。

少年宫广场附近，
一位老人右手夹着椅子，
左手拎着一块"旅游售票处"的牌子去上岗（1986年）。

从1985年《浙江经济年鉴》的有关数据看，1979年，杭州市旅行社仅有2家，旅游饭店只有8家，6年后则增加到62家和18家；1979年接待国内游客人数仅为280万人次，到1985年猛增至1520万人次，增幅为443%。兴旺程度可见一斑。

## 30　旅馆登记

改革开放前，来杭州出差或探亲访友的人，要拿着介绍信或户口本，先到城站、湖滨等几个饮食服务公司设立的"住宿登记处"登记，再由他们开介绍信安排你到办事地段附近的旅馆住宿。20世纪70年代起，来杭州出差、旅游的人逐年增多，因此旅馆就比较紧张，想要住地段好一点的旅馆，有时是很难的。70年代末，杭州一些单位看准行情，建起了不少新旅馆，其中离市中心较远的旅馆为了抢到客源，就自己派人设点登记。由于这些旅馆大多属于各区的服务系统或其他行业管辖，杭州市饮食服务公司只能任其发展，"统一登记"的藩篱就这样渐渐地被打破了。

照片上挂出牌子的3个旅馆，最右边的一个已经看

湖墅南路的拱墅花店前，
设有五一旅馆、红商旅馆等旅馆的住宿登记处，
为找旅馆的人办理入住手续（1981年）。

不清了，"五一旅馆"在哪里我也记不清了，但"红商旅馆"我去过，是在半道红蔬菜商场的楼上。那次我上去，只见宽敞的楼厅里放满了不足1米宽的小床，许多香客进进出出，人气还蛮旺。大概因为旅馆离武林门长途汽车站和武林门轮船码头不远，就是步行到西湖断桥边也只要3公里路，加上价格便宜，所以"红商旅馆"成了香客的首选之处。

## 31 香客进城

怡口乐是杭城最早的快餐店。1985年，杭州饭店与新加坡合资成立了香格里拉饭店，随后在靠近岳庙方向的底楼开了怡口乐茶餐厅。1987年3月16日，怡口乐正式开张，里面供应的是糅合了港粤特色的西式快餐，以菜品多、上菜速度快、就餐环境好和价格适中等优点，迅速赢得了杭州市民的喜爱，尤其深受孩子们的欢迎。

有一次，我夫人带着女儿去，孩子一走进店内，就被从来没有吃过的洋快餐吸引，放开肚子大吃起来，吃饱后还要妈妈给她买一杯饮料，结果实在喝不下，只好拿在手里回家。坐上自行车后座，女儿喊"妈妈慢慢骑"，说是车子快了，肚子里的东西就要颠出来了。

由于地理位置不错，加上"怡口乐"3个大字在黄

一群香客从怡口乐餐厅里走出来（1987年）。

色背景上非常醒目，就连嘉兴地区和苏南地区到杭烧香的香客们，也常常要进去看一看，品一品。那天就有一队香客从里面出来，脸带笑容，看来是刚开完"洋荤"。别小看这些头上包着毛巾的乡村老太太，在当时来说，她们的兜里还真有点钱。实行家庭联产承包责任制后，杭嘉湖、苏锡常地区的地理环境让农民的收入迅速提高，可以说她们也是改革开放中吃到"头口水"的农民。收入增加了，也就有钱旅行了。那些年，一过春节，就有成群结队的香客出现在西湖边，他们包着头巾，举着旗子，到灵隐寺去烧香，祈求五谷丰登、蚕桑兴旺。

2002年，不知道什么原因，怡口乐被关闭了。

## 32　空间狭小

　　以前杭州城里的居民住房都很狭小。有一次，我到游泳巷一位摄影朋友家去，他带我走到楼上，一看竟是个阁楼，连腰也挺不直，里面只放着一张床、一张写字台、一只箱子。他说，他们夫妻结婚时，能有这样一个房间已经很不错了。

　　1998年3月20日，东河即将拆迁，我背着相机走进一个墙门，见几个居民站在一间房子的门口，对我说："这么小的房子有什么拍头？"我往里一看，那里似乎是几户人家共用的一条通道，里面摆满东西，要稍微侧一下身才能走过去。万安桥南河下47号一位蔡姓住户说，他15平方米的房子住了4口人，加上小孩，实际住了6口人。厨房是多户共用的，十分狭小，里面摆着好

东河拆迁时，
几个居民站在一间狭小的房子门口（1998年）。

几户人家的"锅儿缸灶"，住户之间需要互相谦让，才能够在这"螺蛳壳里做道场"，平安相处几十年。如今马上要搬进新房了，虽然心里高兴，但又觉得有些舍不得。

当我从宝善桥桥边走过，看到那一带的房子比市中心的还要差，许多棚屋好像是因为空间不够用而临时搭建的。我在宝善桥河下2号，碰到一位77岁、名叫陈桂英的老人，她说自己在这里住了52年，20多平方米的房子里住着3代7口人。虽然她很想住进新房子，但想到住了一辈子的老房子马上要被拆掉，又感到有点可惜。可见当时那些拆迁户的心情多么复杂。

## 33 我想有个厨房

1999年，我们报社要做"改革开放20周年"的报道，不知道谁出的主意，说要从一只炉子上看变化，并把这个任务交给了我。我找到对上城区比较熟悉的通讯员老陈，他把我带进了建国中路287号，并走进一间公用厨房。厨房里面灯光昏暗，四周的墙壁被烟火熏得黑乎乎的，不大的空间里摆着近10只煤炉。一位拿着高压锅的大妈说，一到烧饭的时候，这里就热闹得"一塌糊涂"，人们背靠着背，弯下腰拿东西时，屁股经常会碰到人家。这家吃什么，那家吃什么，邻居们都一清二楚。饭菜烧好后，还要走好多路端回家里，很不方便。但几十年都这样过来，也就习惯了。自家的房间那么小，上哪儿去弄一个独立的厨房？

建国中路287号的公用厨房里,
一位拿着高压锅的大妈想要一个自己的厨房（1999年）。

　　我们浙报集团老大楼后面的科学馆，曾经是报社的集体宿舍，新进的、没有房的记者都会被安排在这里。有一次我到同事家去，一进楼道，就见通道两旁的房门口都放着炉灶，炉灶两边用木板挡着，一格一格的非常壮观。后来我搬到乌龙巷，有一次登上楼顶，看到上八界巷一户居民的二楼阳台摆满了锅碗瓢盆，他们把阳台当作厨房，女主人正在那里做饭。虽然局促、简陋，安全也有问题，但总算有了独属于自己的厨房。对于如今的人来说，很难想象那时的状况。后来，我觉得那个出点子要做这个报道的人，还真有他的道理。

## 34 我儿子也拍照

管米山位于粮道山的中间，有一条路通往河坊街。管米山的名字跟南宋时管理诸军诸司的粮料院署设在这里有关。1998年元旦期间，我到这里拍照片，看见一位老太太弯着腰在门前点煤炉，旁边有一位妇女正用一块木材从她的煤炉里引火，于是我赶紧上去按快门。听到"咔嚓"一声，她抬起头看看我，笑了笑，不好意思地说："我儿子也是拍照的。"于是我问她，您儿子是谁？她说："谢光辉。"

我一听，乐了，竟是与我同在上城区文化馆摄影小组参加活动的朋友。她儿子原来在上城区建筑工程公司工作，因为照片拍得好，经常在香港的摄影杂志上投稿并获奖，被香港《中国旅游画报》看中，就被聘去了香

管米山上一位老太太在点煤炉，
旁边一位妇女正从她的煤炉里引火（1998年）。

港工作。我立刻笑着说，认识、认识，我们是在上城小组一起活动的。刚来到门口的谢光辉父亲，听说后也走了过来，倒搞得我有些不好意思起来。我心里暗暗想，说不定这里的照片，谢光辉已经拍了很多。后来我才知道，这一带他拍得不多，当他在香港听到这里将要拆迁，才让妻子赶紧拍了一些。2023年5月底，摄影小组（后来改为F1摄影沙龙）成立40周年之际，我们几个老成员聚在一起，说到这事，谢光辉也笑了。生活中有许多巧合，可以让人记住一辈子。

## 35　洗马桶

皇诰巷在乌龙巷的西南面，我每天上下班都会经过这里。傍晚下班路过时，我就会看到电线杆旁边放着一圈马桶。倒马桶的人有时来得早，有时迟一点，因此我有时会看到有人在洗马桶。杭州原来的老房子里都没有厕所，公共厕所也不多，人们要解决"方便"问题，就靠家里的马桶。

那时房子小，吃喝拉撒都在里面，马桶往往放在角落，用一块布遮一下。小孩子不懂事，如果在大家吃饭的时候要拉屎撒尿的话，就会遭到大人的呵责。不过，这不讨人喜欢的东西，在没有化肥的年代却是宝贝。新中国成立前，杭州有专门从事这一行业的"金汁行"，行内有"粪霸"，他们掌管各个区域的收集营生，谁也

一位老人在皇诰巷里洗马桶（1998年）。

不能越雷池半步。因为这是无本生意，受到了有权势者的窥觎，因此就看谁的背景深、谁的拳头硬。新中国成立后，便溺物由环卫所负责收集，这份工作又脏又辛苦，很少有年轻人去做，但其重要性又是不言而喻的。北京的时传祥就因踏实从事掏粪工作被评为劳动模范，以鼓励人们重视这项工作。

如今，杭州老城区只有极少地方还在用马桶，一些环卫工人还在站最后一班岗。

## 36  小巷生活

1995年4月16日，龙翔桥商场东北侧的老房子前，有的居民在烧煤炉，有的居民在晒衣服，有的坐在小椅子上歇息，有的在水缸里洗东西……充满了烟火气息。一幅展示市井百态的照片，就是那时杭州居民生活的真实写照。

那时住在老屋里的居民不在少数，由于屋内面积小，一些杂乱的东西只能堆在屋外，洗衣晒衣、吃饭聊天也在外面。邻里之间的关系，甚至超过亲朋好友，比如烧煤炉冒出滚滚浓烟，常常会让邻居们"辣"出眼泪水，但谁也不会去责怪，甚至还会拿起扇子去帮着扇几下。

1980年，我住进龙翔里四弄6号，就在弄堂左边的

龙翔桥商场东北侧的老房子前,
居民在晒衣服(1995年)。

第一个墙门。三楼住着从杭州标牌厂退休的闵爷爷，他的字写得很好，我女儿开始学书法时，他送了我一本欧体字帖，里面还夹着一张他写的字，真是清秀端庄。如同字帖里的字一般，他一看就是一个办事很认真的人。

2015年，龙翔里进行了改造，原来的布局基本保存了下来，但那烟火气却看不见了。

## 37 门口擦身

在住房里没有浴室、卫生间的年代，人们洗澡都要到城里去。我们家住在武林门外，每到过年前，父亲就会带我们到平海池去痛痛快快地洗个澡。当时，杭州城里有平海路92号的平海池（新中国成立前叫三新池浴室）、解放路156号的明湖池、延安路海丰西餐社斜对面的湘海池、中山中路134号的渭泉池和梅花碑9号的清泰浴室五大浴室。据说20世纪60年代前，吴山路上还有一家很有名的西湖浴室，后来不知道什么原因关了。

杭州沿街的老房子内部空间都很小，许多住户就把门口当成了第二生存空间。夏天屋里热，傍晚时分，人们拿盆水把门口地面的暑气冲掉，摆上小桌子，端出饭菜就能在门口边吃边乘凉，还能和隔壁同样在门口吃饭

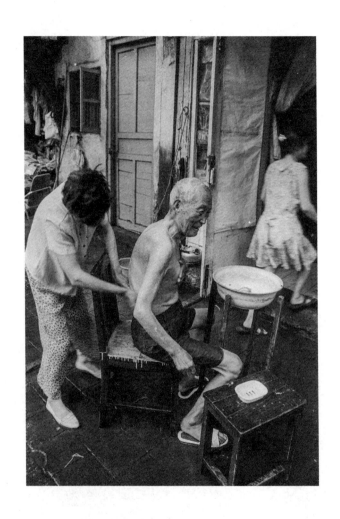

河坊街断河头一端的老房子前，
一位老人在门口擦身（1997年）。

的邻居交谈。有好菜时，还会夹一两筷子给邻居的孩子，其乐融融，至今还是难以忘怀。甚至还有老大爷直接在家门口擦身纳凉。在这里，人与人之间的距离很近。

## 38　老房子装空调

　　单薄的墙体，沉重的空调，看上去似乎很危险。老房子的通风条件差，下午被太阳一晒，屋里就可以蒸桑拿了。一些家境好一点的人家，就想办法在老房子里装起了空调。

　　装空调不光是钱的问题，还涉及电线、电表的问题。原来的老房子用电量比较小，如果没有电力局批准同意上门重新拉线、装新电表，安装的空调一开机，保管整条线路被烧掉，严重的还会烧坏变压器，那就不是一时能修好的了。因此，老房子装空调不是简单的事，很多人家望而却步，只好继续忍受酷热的煎熬。

　　这户人家能装上空调，看来真不简单。

中山北路的一条小巷里，
一户居民在给老房子装空调（1995年）。

## 39  经常停电

当时正是大家做晚饭的时候，电饭煲里的饭还没有熟，电就停了。起初还以为是电表跳闸，出门一看，隔壁邻居也是如此，那就热闹了。有骂娘的，有叹气的，有急着给供电部门打电话的，还有给我们报社打来电话的。于是我们也匆匆赶了过去。

赶到那里时，电力部门的抢修车已经来了，工人们穿着厚厚的工作服爬到放变压器的电线杆上，正在紧张地抢修，下面的居民有的打着赤膊，有的摇着芭蕉扇，纷纷仰头眺望，急盼着工人师傅能早点抢修好。

半个多小时后，经过工人们的努力，终于修好了。当工人把闸合上，楼房的窗户突然亮起灯时，我听到"呵——"的一片欢呼声。经了解，是大家下班后集中

夏天傍晚，
凤起菜场附近的一片房子突然停电，
人们翘首望着电力工人抢修（1994年）。

用电，线路负载过大造成线路熔断和跳闸。抢修的师傅说，这次还算运气好，没有把变压器烧坏，还说这几天天气热，他们抢修队就像消防员一样，忙都忙不过来。

　　当时经济发展较快，人们的生活水平也在迅速提高，而电力供应还没有跟上发展的步伐，工厂甚至出现了限电的情况。据说，20世纪90年代初期，杭州供电的紧张程度是长三角地区最严重的。

## 40　山上墙门

杭州老墙门内住的人家多，人们常用"72家房客"来比喻。一般的墙门能住30多户人家，我住的洋桥直街6号就是如此。那里原来是个油纸工场，房子比较多，所以住户也多。

1998年，我走到管米山30号时，刚好遇到一位姓詹的住户开门出来，我问他里面住了多少户人家，他说大概30户。我不信有这么多，他就让我去里面看一张1997年11月的电费缴纳清单，上面详细地记录着28户居民的用电情况：

1.本次大表用电2240度，每度0.50元，应交电费1187.20元。

管米山30号里住着28户人家（1998年）。

2.抄各小表用电度数1852度，加贴56度，共计1908度（大小表相差332度，每度电价为0.622元）。

3.实收电费1182.96元，少收4.24元，与上次银行存折余额9.42元抵消，还余5.18元入存折抵下次。

经手人：宋云开

1997-11-13

我仔细看了一下每户的用电情况，最多的一户叫罗阿大，用电235度；最少的一户叫顾绍红，只用了4度。每户平均一个季度用电68度多一点，也就是每个月22.7度左右，如今看来真是不可思议。总表和小表之间存在差额，有时常常会发现公摊度数过大，有些人就会怀疑，是不是有人在偷电？于是就一户一户地检查。直到后来改成一户一表，这个矛盾才最终解决。

## 41　早晨的茶馆

　　每天早晨，吴山上都很热闹，凡有空地的地方，就有晨练的人群。健身操、太极拳、打腰鼓……各种练法都有，互不干扰，和平相处。

　　吴山的早晨，晨舞是最壮观的，各种舞都有，而且每一处都有很多人。大华书场前的那块大空地上是交谊舞，人特别多，一对对中老年舞伴聚集在这里，手搭着手，伴着音响里的舞曲"翩翩起舞"，每天乐此不疲。那优美的舞步还常常引得路过的人停下来欣赏一番。

　　第二大特色是喝茶。吴山上茶室不少，喝茶的人也多，而且各具特色。"清风明月"这里都是高高的竹椅子，如同成都的茶馆一样。月老祠旁一带都是遛鸟的茶客。一张茶桌、三五鸟友，一边品茶一边听鸟鸣，还一

吴山茶室的老墙上挂满了鸟笼，
他们的主人正坐着喝茶（1994年）。

边点评声音……

　　一条弯曲的走廊尽头是唱戏的，一大群人围着听。坐人的条石处是推拿的，每天早上接待一人，似乎没有空闲的时候，大概老年人腰酸背痛的多，生意自然不错。

　　从大井巷到环翠楼途中有个剃头摊，我每次路过都能看到好几个人等在旁边。虽然他的剃头设备十分传统、简单，只有一把椅子、一个脸盆架子而已，但常客认准了他。但我几年前再经过时，那个摊子已经不见了。

## 42　阅报栏

河坊街背靠吴山，有著名的胡庆余堂，在杭州老百姓心中的印象特别深。河坊街曾经有许多与居民息息相关的肉店、菜场、邮局，它们至今还深深刻在老杭州人的心里。原来药厂封火墙上的"胡庆余堂药厂"几个大字是用墨写的，协调自然，如今改成了"胡庆余堂国药号"，并做成靓丽的立体字，虽然漂亮，但没了历史的"包浆"，总让人感觉缺了点什么。原来"药"字下有一个很长的阅报栏，是很多居民每天必到的地方。老街改造时，阅报栏才淡出了人们的视线。

据说，河坊街在旧城改造中差一点被推倒重建，但当时遭到了许多市民反对。大家认为杭州的古建筑已经越拆越少，再把这条沉淀着深厚历史底蕴的古街拆掉，

市民在河坊街胡庆余堂药厂高墙的
阅报栏前看报（1987年）。

杭州就没有什么文化可言了。一位叫黄晓杭的市民给杭州市委写了一封长长的信，陈述拆掉河坊街的利弊。刚上任6天的杭州市委副书记、市长仇保兴看到信后，立即召开领导班子会议讨论……由此，这条老街得以保留下来，如今成为杭州历史文化名城的一张名片。

## 43　百年商埠

拱宸桥，在杭州人的眼里，并不限于这座建于明代、横跨大运河的三孔石桥，也泛指两侧的古商埠，尤其是曾经十分热闹的桥东地区。拱宸桥位于京杭大运河的南端，在以运河运输为主的年代，大批北方来的货物都要在这里等候进入杭州大关（北新关），然后过杭城，到闸口，经钱塘江出海或经江南运河运向南方，因此这里形成了一个繁华的商埠。中日《马关条约》后，这里被占为租界，设立"洋关"，抗日战争胜利后才废除。

拱宸桥有很多大工厂，桥西有杭一棉，再过去一点有华丰造纸厂、剪刀厂、热水瓶厂、大河造船厂等；桥东有浙江麻纺织厂和杭丝联，数万产业工人云集在此。

拱宸桥东端，
一位画匠在桥头设摊卖画（1994年）。

拱宸桥还有许多杭州第一。有杭州第一条铁路，第一个火车站，第一张报纸，第一部无声电影，第一家戏院，还有国内少见的邮局、西药房等。拱宸桥也是旧杭州经济最繁荣的地区，被人称为"小上海"。

20世纪90年代，随着杭州产业结构调整和工业企业外迁，这些老厂区逐步走向衰落。拱宸桥地区一时竟沦为杭州破落的棚户区，公共设施建设几乎为零。只有一个公厕，居民要排队等候解决内急；道路泥泞、地势低洼，每到雨季就大量积水，消防、公安都要紧急出动，救急搭桥……

1997年4月，拱宸桥改造工程启动，一改便是15年。桥东推倒重来，桥西保留了原来的布局，许多20世纪的遗址和标志性建筑被保存下来。2014年6月22日，京杭大运河项目成功入选世界文化遗产名录，作为京杭大运河的南终点，拱宸桥也引起人们的关注。百年商埠，随着时代发展变得更加靓丽。

## 44 大水淹没

据1997年的气象资料，雨从7月7日开始下，一天比一天大，11日的降水量为86.2毫米，几乎是7日降水量49.2毫米的2倍。淳安、建德、桐庐、富阳也连续大雨，造成钱塘江潮水没入江堤，龙舌嘴一带的民房淹入水中。

龙舌嘴这一带的地理位置不好，一边是江堤，一边是地势高出许多的复兴街。这些夹在中间的房子就好像在锅里，一旦淹水，居民只好转移，被安置在附近的学校里。为了救助居民，附近一些单位把大的泡沫板等能用来当"船"的东西都用上了，先运送孩子、老人离开。即使大水给居民造成了很大损失，大家还是想办法从容自救。一些房屋进水不深的居民在门口筑起堤坝，

在连续5天的大雨后，
南星桥的龙舌嘴、紫花埠一带变成了泽国（1997年）。

用脸盆把水舀起来往外面倒。一些工会组织也在第一时间赶来慰问受灾的职工。

　　救灾工作是迅速的，居民被安置在学校后，床铺、棉被等基本生活用品都已经送来，吃饭也不成问题。一位老人很激动，见我在旁边拍照，不停地对帮助他的人表示感谢。旁边的居民干部、学校领导见到居民得到妥善安置，都很高兴。这次大水过后，此处的房屋就被纳入了改造范围。几年过后，这片低洼地里的低矮老屋都变成了一幢幢高楼大厦。紫花苑、美政花苑、复兴北苑等小区接连出现。

## 45　露水市场

　　20世纪80年代，杭州的龙翔桥农贸市场在原来的小车桥监狱围墙外面建了起来，里面有500多个摊位，外围还有数十个水产摊位。90年代，它成了杭州最红的农贸市场，生意之好是其他农贸市场无法相比的。由于这个农贸市场是市中心最大的一个，又涉及千家万户菜篮子的供应，所以它受到来自各个方面的关注。工商部门负责主办、管理，农贸市场的秩序不错，还经常开展一些便民活动，打击不法商贩，教育各摊主文明经商。

　　不过，这个农贸市场刚好建在东坡路的北端，东坡路到这里就断了，只有一条仅能容纳三轮车通过的小路。2003年东坡路改造时，农贸市场被拆掉，好让东坡路和庆春路连通。

早晨的龙翔桥农贸市场前，
水产市场一片繁忙景象（1993年）。

龙翔桥农贸市场的寿命不长，但自发的露天菜市场生命力却比它强。每到天亮时分，原来农贸市场的所在地便涌现出无数小商贩，叫卖着各种蔬菜。由于菜农们不用交管理费，蔬菜又是直接运来的，所以菜价比农贸市场要便宜。普通市民觉得实惠，就愿意起早来购买，市场自然也就热闹。大约到7点，城管来了，大家就散去。这样的"露水市场"（太阳出来就消失的市场）被几度"取缔"，又几度复苏，到2008年左右还时不时会出现。

后来，各区在农贸市场附近开出了许多小菜店，打出"勾庄蔬菜直销"的牌子，价格比市场便宜，很受市民欢迎，这些露水市场才彻底消失。

## 46 最后的白铁店

1999年，我来到河坊街的一家白铁店，只见一个70多岁的老人守在那里。老人年事虽高，精神却很好，说他自己姓张，本来店要关门了，他也不想再接活，无奈这是一个老客户的请求，也就答应下来，替他把这个钢精锅换底。老人指着门口一张堆满书的桌子说，河坊街开始动迁后，生意越来越差，他准备先把店里没有用的东西卖掉，搬迁时方便一点。旁边几位看热闹的邻居说，老人原来当过老师，不然哪来这么多书。他在旁边不置可否，我也不好多问。不过从老人的气质看，他完全有可能当过老师，只是很难让人将他的手艺与教书联系起来。

离开老人后，我心里有一种说不出的感觉，不知不

河坊街149号的张师傅
在他的白铁店里敲打一只钢精锅的锅底,
不久他的店就因河坊街改造而关门（1999年）。

觉走到了河坊街113号的潘永泰号，看见里面有一台老式轧花机。店主60多岁，正在和他妻子做一条棉花胎。他叫潘文彪，店名是他父亲创立时用自己的名字来命名的。他继承了这份手艺，坚守到现在，并希望河坊街改造后能把这家店保留下来。因为他觉得如果最后一家棉花店也没有了，老百姓想弹棉花怎么办？

我回去后为这些店写了一篇稿子，后来引起了有关部门和同城其他媒体的关注。于是，改建好的河坊街为潘永泰号这个老行当留下了一席之地。

## 47　开水站与老虎灶

人们说河坊街387号的老虎灶是杭州最后的老虎灶。其实，万安桥头的退休工人茶室里也有一只老虎灶，只是不对外营业而已。这种炉子，杭州人叫"炮仗炉子"，因为它的形状像一只两响的鞭炮。真正的老虎灶原来大多是豆腐店、年糕店、乡镇食堂等烧饭用的砻糠灶，灶头像一只卧着的老虎，上面要放好几口大锅，灶口像老虎的大嘴巴。倒进砻糠后，灶口会随着烟囱中的吸力，慢慢把砻糠往里吞，火力旺而且稳定。

河坊街上的老虎灶是由王元松、王政两兄弟负责管理的。哥哥当时已经68岁，弟弟62岁，是余杭一带的人。每天早上4点多，他们就起来烧炉子，直到晚上9点多才关门。每瓶水收费是0.2元，每天大约可冲五六十

一位老人在河坊街387号的老虎灶前打开水（1996年）。

元钱的开水。旧城改造前，这样的开水站在杭州有很多，为的是解决双职工家庭没有时间烧水的问题。

## 48 坐地观股斗

1992年，许多证券营业部出现在杭州街头。武林门、新华路、定安路等证券营业部前，众多电视机组成的"大屏幕"面向大街，翻动着红红绿绿的股票指数，底下数百双眼睛随之转动，看着多方你抛我买、上上下下的波动状况。有道是：坐地观股斗。我还曾在武林广场看到两位股友的耳朵里各塞着一只从同一根线通过来的耳机，共享大哥大里传来的股评。看来，股票这个东西在当时是十分有魅力的。

1990年11月，深圳证券交易所成立；1990年12月，上海证券交易所开始交易。从此，股票开始走进中国百姓的生活。杭州靠近上海，市民的经济意识很强。刚诞生不久的股市一出现在杭城，就让许多人激动不已，街

大批股民坐在旧番署公安礼堂的地上，
观看大屏幕上的股市交易情况（1993年）。

头巷尾、工厂机关，人们碰到一起就谈股论市，大有
"全民皆股"的气势。时隔不久，股市大盘下跌，人们
尝到了炒股被套牢的滋味。后来，有些人一解套就把股
票抛了，殊不知许多跌到"地板"上，只有一两元股价
的股票，后来会被炒到几十元的高价。

## 49　投资国债

　　牌子上面写着1992年发行的5年期国债，年收益为15.39%；另一款1993年发行的5年期国债，年收益为15.94%。这么高的收益在今天是不可想象的，而且它的保险系数还在银行存款之上，因此被称为"金边债券"。然而却是看的人多，买的人少。因为当时大家的余钱不多，投进去放三四年，一旦有急事需要用钱怎么办？回家后我跟夫人说了这件事，她听后就把余钱投了进去，后来到期兑现时，拿到那么多利息，我们都很开心，还想再买却再也没有了。

　　那时，国家建设急需用钱，因此发国债动员大家买，有些单位还被分配了指标，就用工资抵扣、发奖金或福利的形式替职工买。一些年轻人急需用钱，国债

许多人在中山中路，
围着一块标着国债收益的牌子观看（1994年）。

到手后，就把面值100元的国债以90元或80元的价格卖掉。当时，一些黄牛看到了这种发财之道，就做起了收国债券的生意。

## 50 赈灾彩票

1995年8月8日，浙江省红十字会在浙江省工联大厦门口举办赈灾福利彩票有奖销售活动，市民们购买彩票后立即刮开，神情专注。

那几年，彩票发行空前火爆，人们如同打了鸡血，对买彩票一事的热情程度之高，难以用语言描述。1999年3月6日，杭州在3个城区发行4000万元体育彩票，原定销售两天的彩票在当天下午5点就销售一空。拱墅区发行点的1300万元彩票在下午3点不到就已售完。据统计，大约有70多万人加入了这支购票大军，人们为了能中一个"红太阳"（20万元特等奖的图案），拼命从自己的口袋里往外掏钱。虽然幸运只光顾了一小部分人，但大多数人都为体育事业做出了贡献。

许多市民踊跃购买赈灾有奖彩票，
希望获得惊喜（1995年）。

虽然彩票销售点不少，但买的人实在太多了，发行那天各个销售点前都是黑压压一片。一对老夫妻在下城区销售点中了第一个特等奖，他们到台上领奖时，那笑容真的很灿烂，台下也是一片欢呼。孩子们也跟着乐，有的还蹲在地下刮别人扔掉的彩票，据说真有刮到奖的。

## 51　人体艺术

　　这些在改革开放初期还被认为是"黄色"的绘画，如今公开在广场上展出，令当时许多人难以想象。但禁忌的藩篱终于被打破，艺术领域从此多了一个门类，人们也不再将它视作洪水猛兽。但在摄影界，人体摄影到底是艺术还是色情却很难界定，有一段时间还兴起了一股出版人体画册的风潮。这股风潮如今已恢复了平静，毕竟这算不上高雅艺术，而是带有很多感官上的刺激，对社会来说谈不上"有益"。

武林广场举办第一次人体艺术绘画作品展,
引来了许多惊奇的目光（1995年）。

## 52　消失的巨鞋

　　特丽雅是杭州皮鞋总厂于1988年与意大利但丁皮鞋公司合资成立的。它发展很快，到1997年已经摘得了"中国鞋业大王""中国真皮鞋王"等桂冠，销量排到了全国鞋业第二，女鞋第一。杭州的女性以穿特丽雅的皮鞋为时尚。但是到1998年，特丽雅开始走下坡路。2002年5月，特丽雅因资不抵债而停产歇业。2003年，特丽雅拍卖土地和部分厂房，次年拍卖18万双库存皮鞋。2004年4月27日，"特丽雅"商标进行拍卖，40万元起拍，经过21次加价，被广州一个叫金宝思的人以104万元拍得。至此，特丽雅彻底落幕。它的消失，也代表一个时代的记忆离我们远去。

特丽雅在武林广场上摆出一只巨鞋来做广告（1996年）。

## 53　小商品市场

　　环北小商品市场原来在红太阳展览馆后面，于1982年开业。小商品市场起初生意一般，随后不久就渐渐好了起来，到了20世纪90年代，生意越来越好。因为这里离长途汽车站很近，边上又是轮船码头，外地来此的人，到这里购物很方便，买完就可以坐车、坐船回家。因此这里每天都很繁忙，市场门口的环城北路上都是来来去去的三轮车，常常造成交通堵塞。春节过后，来自苏南的大批香客从轮船码头涌进杭州。他们到灵隐、净寺烧完香后，就到小商品市场里去买东西，然后背着大包小包坐船回去，成了市场里的购物大军。当时，他们似乎特别喜欢不锈钢盆子，每队香客都有许多人用网兜装着大大小小的盆子背着回家。一个个包着头巾、插着

环北小商品市场的服装摊上，
摊主一身时髦，
吸引了几位顾客驻足观看（1994年）。

一朵鲜艳头花的脑袋露在上面，看起来很有趣。

1997年环城北路拓宽时，环北市场搬到了凤起路上原来福华丝织厂所在的地方，开始了新的发展。到了2021年8月6日，因为市场基础设施建设滞后、环境陈旧，存在消防及交通安全隐患等，环北小商品市场提前9天正式关门，并宣告这里不再开市场，结束了它近40年的辉煌生涯。

## 54　缝纫一条街

　　1983年12月，国务院决定取消布票，对纺织品实行敞开供应。布票取消了，老百姓想做衣服，可以随时到棉布店去买布来做。但随之出现了做服装难的问题。一些人会踏缝纫机，但不会裁剪；一些人会自己裁，但没有缝纫机，只好到店里去做服装。可店里做不仅价格高，取件时间也长，于是一些会做服装的人开始接起帮人做服装的活计。松木场缝纫一条街也就在这种情况下慢慢产生了。

　　据说，最初是几个手艺人挑着缝纫机在松木场路口摆摊，由于价格比店里低，衣服做得也不错，生意就好了起来。其他会做服装的人听说这里生意好，也就聚拢过来了。工商部门因势利导，在这里搭起一批玻璃

西溪路上的松木场缝纫一条街生意兴旺（1994年）。

钢棚屋供手艺人使用。一个近100平方米的玻璃钢瓦棚下，一字排开7块裁衣板和50多部缝纫机、拷边机，组合成一条集裁剪、拷边、缝、烫等工艺于一体的手工流水线。很多布商看到商机，在棚屋对面开起了布店。这样，人们到松木场转一圈，用不了多少时间，就能取走一件做好的衣服。

据一位曾经从业的师傅说，他们店每天要接100多个客人订单。那时，做得最多的就是裤子，还有男士中流行的青年装，女士中流行的立领套装。裤子几乎都是立等可取。当时的加工价格是：剪裁5毛钱，拷边1毛5分钱，做一条裤子只要2.65元。

当时的西溪路，跟现在的武林路、四季青一样，想要知道时下流行什么，去那里看看就知道了。

## 55 等待希望的打工妹

娃哈哈创建于1987年，原来是上城区的一家校办工厂。宗庆后接手这家工厂之后，针对孩子们的喜好，不断推出新产品，再加上大力的广告宣传，有些广告语还成为人们的口头禅，因此娃哈哈发展很快，连续11年销售收入及利税等指标位居中国饮料行业之首。后来，就连杭州原来最大的食品加工企业——杭州食品厂，也被娃哈哈兼并。娃哈哈的快速发展也带来了大量的工人岗位需求，因此，春节一过它就大批招人。得到信息的求职者从四面八方赶来，加入了应聘大军。

如今，娃哈哈这家民营企业还坚挺在行业之中，只是近30年过去，这些打工妹不知怎样了，是否与企业一起富起来了？

春节刚过，
秋涛支路的娃哈哈厂前，
许多外来的打工妹排着长队等候招工（1994年）。

## 56 路上过夜

1994年7月，盛夏的夜晚较为凉爽，我看见许多进城务工者把草席铺在水泥地上，头枕着高起的路沿，美美地进入了梦乡。看看那位还未睡去的青年脸上的笑容，仿佛坚硬的水泥地如同席梦思一样。

他们大多是在庆春路工地工作的进城务工者，来自五湖四海，为了节省一点钱，往往合租一些便宜的房子。房间很小，仅能容身睡觉，冬天还好，夏天就热得受不了，因此他们常常结伴到户外通风的地方打地铺。

庆春路拆迁初期，我曾见一些进城务工者连房子也不租。就算在寒冷的冬天，他们也只是在施工路上的大沟管两头，用石头压着麻袋撑起一片挡风的小空间，晚上就睡在里面，几乎与流浪者一样，为的就是省些钱好寄回家乡。

杭州棚桥路边的一块水泥地上，
许多务工者在这里打地铺过夜（1994年）。

## 57 照片还要

　　1994年2月12日，年初三，我路过小营巷42号，听见琴声、歌声从里面传了出来。我走进去一看，只见左邻右舍围成一圈坐着，一个老人拉着二胡，其他几个妇女扶着一位叫余小华的老太太在唱越剧，动听越腔令大家拍手叫好。

　　小营巷位于马市街与直大方伯之间，是太平天国听王府的所在地。1958年，毛主席曾到小营巷视察，留下了照片。1998年，中东河改造搬迁时，居委会将挂在屋里的珍贵历史照片一起搬走。

　　20世纪80年代，城里的小巷十分幽静。巷子小，只能骑自行车，没有汽车的骚扰，走的人也很少，偶尔有一辆自行车驶过，铃声显得格外清脆。在这随意、没有

搬迁时，
居委会把珍贵历史照片一起搬走（1998年）。

拘束的小巷里不知延续了多少代的生活方式，也将随着改造而被彻底改变。当年住在墙门里的那些人，再看到自己原来的住宅，不知有何感想。是否会把他们旧时的回忆与发生在老屋里的故事，告诉他们的后人？

## 58　"文物怎么能就这样拆掉"

　　皮市巷中有一条横穿的清吟巷，巷里有晚清大学士王文韶的宰相府。这座建于光绪时期的府第很大，门牌号是清吟巷10号。东北面的杨绫子巷原是府中花园的长廊通道，当年的瑞金中学原是府内的"退圃园"。府内还有左宗棠题写的匾额"红蝠山房""藏书阁"等，共有大小厅堂、楼阁、天井花园数十个。新中国成立后，这里成了工厂和学校，但建筑还保留着。1996年，社保大楼前的道路拓宽，虽然府第的门口挂着"杭州市文物保护单位"的牌子，但许多精美的建筑还是被拆除了。

　　当日，我走进正在拆迁的杨绫子巷35号，只见里面一幢二层楼的楼房内基本被搬空，只有一个叫徐春风的住户还住着。她说，这里原来是王文韶一房夫人住的地

王文韶故居一户即将搬迁的居民家中，
三人谈论着未来生活（1996年）。

方，后来有28户居民，因拆迁，居民也都搬走了。

我来到后面的杨绫子巷54号，里面住着一位75岁的老人，叫陈加志，原来在都锦生丝织厂工作。他说，这里原来叫薛衙前13号，是王文韶下人的住处，旁边是马房，里面有两个圆大门，还有铜铃……

屋子不远处，一些人正在搬家，一些人正在拆房。掀掉瓦片的屋子，露出了精美的画栋雕梁，一间接一间，在透亮的天光中，好像在心酸地诉说着当年的辉煌，已经拆下的构件，被扔到了地上……在清吟巷小学教了34年书的孙宝玉老师可惜地说："文物怎么能就这样拆掉？"

## 59　钱庄爆破

　　民国时期，在珠宝巷口有信源、乾源、义源3家金铺（钱庄），照片上的这幢大楼就是有名的乾源钱庄。其他两幢大楼这时早已消失，仅剩的这幢在新中国成立后成为纺织品公司的大楼。1996年7月29日，它为清泰街的拓宽"粉身碎骨"，献出了"生命"。

　　清泰街是条千年老街，自南宋起就很热闹，尤其是中河荐桥段，是金融和珠宝交易中心。清泰门的意思是清平康泰，而老百姓却叫它螺蛳门，因为当时城门外池塘多，螺蛳多，贩螺蛳的人也多，所以那一带很多地名都与螺蛳有关。

清泰街上一幢民国时建造的四层楼洋房，
在一声沉闷的爆炸声中坍塌了下来（1996年）。

## 60　改造火车站

　　1997年6月25日，上海到金华的685次列车在22时25分准时进入杭州城站火车站，接走了最后一批旅客。

　　杭州城站火车站建于1906年，它穿过了清泰门城墙，建在城里，因此被大家叫作城站。1937年10月，它被日寇的飞机炸毁，1941年重建，1942年3月21日竣工，使用到1997年。20世纪80年代末，城站已经不能适应需求，大批旅客常常只能在站外候车，在门口搭起临时棚子，依然无法解决问题。于是，新的城站开始规划动工，于1999年12月28日正式启用。

　　1998年5月1日，城站重建工程接近尾声，一位老人坐在那里观看。他姓任，住在后埠头，已经79岁，自城站开始拆建，他几乎每天都来这里观看。他看着老城站

老城站结束了55年的历史使命，
开始拆建（1997年）。

一点一点被拆掉，又看着新城站一点一点建起来。他在
这里住了60多年，和"邻居"分别后感到很孤单。

## 61　告别轮渡

1993年动工、1996年年底建成的西兴大桥（又称"钱江三桥"）通车后，来往车辆终于告别了常常需要排队等候一个多小时才能过江的轮渡。

钱塘江古时候就靠舟船渡过，渡船路线固定后就成了渡口，从有记载的春秋时期开始，就有鸡鸣渡、固陵渡、查浦渡、渔浦渡等。1864年（清同治三年），红顶商人胡雪岩捐银10万两，在现在的南星桥三廊庙与复兴大桥南引桥的位置建造码头，又购买了数艘行驶比较平稳的方头平底渡船，办起了义渡。后来这里成了浙江第一码头。20世纪80年代前，据说钱塘江上有8个渡口，但我只知道三郎庙、三桥边、七堡、袁浦这几个。90年代后，钱塘江上建起一座座大桥，渡口随之一个接一个消失，到2018年，只剩下了袁浦渡口。

钱江三桥边，
轮渡十分繁忙，
每天运送着大批车辆和渡客（1996年）。

卷三　世纪曙光

2000年1月1日，我特地赶到温岭石塘，去迎接21世纪最早的曙光。未跨入新世纪前，人们总有一种特殊的预感，好像一旦到了世纪交接的那一天，什么都会突然一下好起来。但现实是，还有很多问题等待我们去解决。社会发展有个过程，需要时间慢慢打磨，但在一段时间以后，蓦然回首，才会意识到一切都发生了改变。

刚跨入新世纪，就迎来了春运高潮，这个问题在那几年越来越突出，成为各家报纸追逐的焦点。1月21日晚上，我在杭州城站火车站目睹了民工爬窗进入车厢的拥挤情况，心中有说不出的酸楚。虽然铁路部门想尽办法，但春运问题仍然一年比一年严重。2009年1月11日傍晚，我在浣纱路的铁路售票处前看到两支长长的队伍，已经排到了邮电路口。排在最前面的一些人，坐在便携椅子上，身上裹着军大衣，手里端着茶杯，身边放着热水瓶，一副准备长期作战的样子。明眼人一看就知道这些人是票贩子，但你也拿他们没办法。不过他们不知道的是，第二年就要开始实行网上购票了，随着一年一年的进步，如今的春运买票再也不像从前那样"难于上青天"了。

进入2000年，也是中国房地产向前发展的开始。房地产市场一年比一年红火，房子的价格一年比一年高，这让城市日新月异，也让人民的住房条件发生了翻天覆地的变化。但这中间也出现了新问题，出现了一些原来未曾见过的矛盾，只能在人们的共同努力下寻求这些问题的化解之法。

生活好了，人们也希望环境越来越好，因此杭州的城市面貌也发生了极大变化。路宽了，地铁通了，过江的大桥和隧道多了。杭州从西湖时代，迈向了钱塘江时代，钱江新城、滨江新区拔地而起，成了钱江两岸耀眼的明珠。西湖山水也用上了现代科技，向居民与游客们展现全新的潮流风采。

　　如今，我们已经看到了新世纪的曙光，人们正在努力迎着太阳，拥抱希望。

## 62　爬窗乘车

　　2000年1月21日，离春节还有半个月，杭州火车站的春运已经开始了，许多想避开客流高峰提前回家的进城务工人员，提前引发了一波客流高峰。月台上，一辆绿皮车前挤满了人，上车的门被拥挤的人潮堵得死死的，于是，几个青年凭借他们在工地上练就的身手，巧妙地钻入车窗。

　　每次快到春节时，想回家过年的进城务工人员就开始发愁。一愁车票买不到，因为那时的车票都要到售票处购买，每个火车售票窗口前都排着长队，甚至需要通宵排队，还有一些黄牛夹杂其中，更给买票增加难度。二愁有了车票挤不上车，为了运载多一点的乘客，铁路部门会多售一些无座票，而民工随身带的行李体积大，

几个务工人员爬窗进入车厢内（2000年）。

容易造成列车严重超员。为了体验春运的难度，我搭乘过杭州到鹰潭的列车。

在车厢里，门口、通道挤满了人，就连想往前挪一挪脚都要花很大力气，真正让人体会到了什么叫作"无立足之地"。列车员更是辛苦，天天在这拥挤的车厢里忙碌，人手不够，就让技校的学生来帮忙。自从2010年实行网上购票后，春运拥挤的情况才慢慢好了起来，铁路公安打击黄牛票贩子的任务也随之不再那么繁重了。如今有了动车，春节回家更是不再那么困难了。

## 63　争抢楼书

　　20世纪90年代末，各事业单位的集体建房被终止。进入2000年后，商品房开始走俏，且房价一年比一年高，许多希望房价降低后再买的人，不仅没有看到降价，反而看到房价一路往上涨。比如在杭州市市中心的竹竿巷，算是个好地段，2000年的时候，每平方米只要4000多元，但只过了四五年，价格几乎翻了一番。因此，这届房交会的房子很走俏。

　　不过，那时人们口袋里的钱还不是很多，选择等等看的人占多数。于是，那些抱着吃亏就吃亏的心态，急需购买房子的人，在一咬牙买下之后，看到房价不停地上涨，就露出了笑容，而那些犹豫者却为错过了机会而后悔。当时一些有经济头脑、手里又有一点钱的人，在

在世贸中心举办的杭州市第十一届房交会中,
很多市民在一个展台前争要楼书(2004年)。

房地产市场上赚了不少钱。松木场一带原来属于乡下，房价很便宜。后来因为这里有个保俶塔实验学校，小初连读，教学质量也好，松木场一带就成了大家争相竞购的地方。2020年，那些20世纪70年代末建的房子，1平方米能卖到10万元上下，而且越小越值钱。因为买主多为学生家长，为的是有一个房产证，好让孩子入学。2020年传说要取消学区房后，松木场一带的房价有所回落，但来此购买二手房的人还是不少。

## 64　新的烦恼

　　鸥江公寓位于钱江路和衢江路交接处，是2000年前造好的商品房。但由于公寓缺少一些设施，建造商又在公寓的3幢、6幢西头之间造了一排两层楼的房子，挡住许多住户的采光，居民多次向有关部门反映，要求拆除这些"违章建筑"，但迟迟没有结果。于是，一部分生活受影响的居民愤怒地在这排房子的东头墙壁上用石灰水刷上了"还我空间、还我阳光"等大字。城管执法人员到来后与患有心脏病的75岁老人洪缪南等居民发生冲突，在争夺石灰桶的过程中，洪缪南和老伴及近江街道副主任高和强、城管监察队长王学荣均被溅了一身石灰水。至此，近江派出所的民警也赶过来进行调查。住了新房之后，原来狭小拥挤的烦恼没有了，但新的烦恼又随之而来。

鸥江公寓一位脸上溅满石灰水的妇女，
哭着向记者陈述（2001年）。

## 65　消失的老街菜市

　　在20世纪90年代前,杭城城门内侧的望江街上设有一处热闹的露天菜市场。虽然只是一墙之隔,而且此时早已拆除了城墙,但在老百姓心里,城外就是不能跟城里比。那时的早上,望江街的热闹与今日的菜场比,一点儿也不逊色。望江街历史深厚,路口北面是南宋时太上皇居住的德寿宫,路口南侧是清代红顶商人胡雪岩的故居。当然,城门外的直街也曾有过香火旺盛的海潮寺,后来被海潮橡胶厂用作厂房。

　　当时,望江街一带居民众多,街东侧有一个菜场。改革开放后,城外的菜农挑着菜进城,在菜场边的路上摆摊叫卖,于是菜场逐渐向两边延伸,成了一个很大的农贸市场。1999年,胡雪岩故居开始重修前,望江街的

望江门外直街上一片繁忙的景象，
整条街就是一个大菜场（2012年）。

道路进行了拓宽，菜市场搬到了望江门外直街上，生意一天天红火起来，当城区其他农贸市场都搬入室内时，它依然在露天的道路上。虽然时常受风吹雨打之苦，但实惠的菜价吸引了许多顾客。2017年，望江地区进行改建，这条老街也就完成了历史使命，从人们眼前消失了。

# 66　新城

2021年11月20日，我登上南高峰，放起无人机，只见远处的钱江新城和西湖群山、雷峰塔、城隍阁一同处在仙境般的晨雾之中。这是我第一次意识到杭州的早晨有这么美丽，钱江新城有这么可爱。

2001年7月1日，杭州大剧院在钱江新城的一片滩涂上举行隆重的开工奠基，由此拉开了钱江新城的建设序幕。跨出这一步其实很不容易。在新城设计的过程中，已经有一个投资规模很大的热电厂正在开工建设，这个热电厂每年都会产生严重的煤灰污染。如果这个厂建成的话，杭州走向"钱塘江时代"也就成了一句空话。多亏了当年的决策者仇保兴多方沟通，坚持协调，最后通过赔偿4亿元收回了土地。想不到被收回的土地改变用途以后，还增值了15亿元。这样，才有了钱江新城的今天。

缥缈晨雾里的钱江新城，
如梦如幻（2021年）。

# 67 音乐喷泉

2003年，长126米的西湖音乐喷泉在湖滨三公园附近的湖面上建成，立即成为杭州市民和游客的宠儿。尤其是晚上，在灯光和音乐的配合下，喷泉时高时低，一会儿卷成一个个水环，一会儿像一面大旗直耸云天，给观看者留下深刻的印象。

2015年，为迎接G20峰会在杭州召开，让各国贵宾能看到美丽的西湖及城市建设，西湖音乐喷泉进行了升级，改进喷头、灯光等设备来丰富喷泉造型。经过大半年的整改，西湖音乐喷泉于2016年5月1日晚间重新开放。每天晚上七八点，人们都能在这里看到由3首曲子组成的15分钟喷泉表演。表演开始前，市民和游客就会聚集到湖边。当音乐响起，喷泉随着节奏喷出各种美

西湖音乐喷泉向人们展示迷人风姿（2016年）。

轮美奂的造型时，人们不禁发出来阵阵喝彩声。放眼望去，几乎所有人都举起了手机，共同记录下这美妙的瞬间。

# 声　明

　　本书所用照片均为作者拍摄，因拍摄时间较为久远，无法与被拍摄者一一取得联系，如因照片内容、权利或其他问题需要沟通的，可及时通过杭州蓝狮子文化创意股份有限公司联系作者，我们将及时处理相关事宜。

　　地址：杭州市西湖区北山街道白沙泉156号

　　邮编：310004

　　电话：0571-86535601

**图书在版编目（CIP）数据**

定格：激荡年代的小城大事 / 吴国方著. -- 北京：中国友谊出版公司，2024.3
ISBN 978-7-5057-5745-5

Ⅰ. ①定… Ⅱ. ①吴… Ⅲ. ①城市史－杭州－摄影集
Ⅳ. ①K295.51-64

中国国家版本馆CIP数据核字(2023)第225181号

| | |
|---|---|
| **书名** | 定格：激荡年代的小城大事 |
| **作者** | 吴国方 |
| **策划** | 杭州蓝狮子文化创意股份有限公司 |
| **发行** | 杭州飞阅图书有限公司 |
| **经销** | 新华书店 |
| **制版** | 杭州真凯文化艺术有限公司 |
| **印刷** | 杭州钱江彩色印务有限公司 |
| **规格** | 787毫米×1170毫米　32开 |
| | 6.875印张　69千字 |
| **版次** | 2024年3月第1版 |
| **印次** | 2024年3月第1次印刷 |
| **书号** | ISBN 978-7-5057-5745-5 |
| **定价** | 62.00元 |
| **地址** | 北京市朝阳区西坝河南里17号楼 |
| **邮编** | 100028 |
| **电话** | （010）64678009 |